장은진 저

"시리야, 내일 오전 7시에 깨워줘."

저는 하루에도 몇 번씩 인공지능 음성인식 비서를 부릅니다. 시리를 통해 저는 말 한마디로 원하는 기능을 설정하고 간편하게 일정을 관리할 수 있습니다. 또한, 유튜브에서 자동으로 추천해 주는 영상들을 보며 저도 몰랐던 저만의 취향을 새롭게 발견하기도 합니다.

이처럼 AI는 다양한 산업 분야는 물론 우리 일상 곳곳에 깊숙이 들어와 있습니다. 우리는 이미 AI 기술과 유기적으로 연결되어 살아가고 있고, 이를 통해 많은 편리함을 누리고 있습니다. 어쩌면 우리는 이미 AI 시대의 중심에 서 있다고 해도 과언이 아닐 것입니다.

하지만 'AI가 무엇인가?'라는 질문을 마주하면, 막연함과 복잡함이 먼저 떠오르곤 합니다. 마치 손에 잡히지 않는 개념들이 머릿속을 둥둥 떠다니는 것과 같이 느껴지기도 합니다.

이미 우리는 급변하는 AI 시대를 살아가고 있고, 지금 이 순간에도 AI 기술은 계속해서 발전하고 있습니다. 이러한 상황 속에서 우리 스스로가 AI에 대한 명확한 이해를 하지 못하고, 정보 주체로서의 주관과 기준을 갖추지 않는다면 효율적으로 AI 기술을 활용할 수 없게 됩니다.

'상대를 알고, 자신을 알면 백전백승'이라는 말처럼 우리 삶에 다방면으로 들어온 AI를 제대로 아는 것이야말로 새로운 시대를 준비하는 첫걸음이 될 수 있습니다.

이 책은 AI 시대를 살아가야 할 우리가 알아둬야 할 필수적이고 핵심적인 내용을 담고 있습니다. 손에 잡히지 않던 개념들을 한 권에 담아 독자분들이 AI를 쉽고, 제대로 이해할 수 있도록 구성했습니다.

이 책이 AI를 보다 주체적으로 활용할 수 있는 독자분들의 지침서가 될 수 있기를 진심으로 바랍니다.

저자 **장은진**

1장 AI가 뭐예요? 7

AI, 정말 똑똑한 기계일까? • 14
AI는 언제부터 시작됐을까? • 17
AI는 어떻게 배우고, 성장할까? • 30
AI 기술이 급격히 발전할 수 있었던 이유 • 47

2장 알고리즘이 뭐예요? 61

알고리즘의 역할 • 62
알고리즘과 성능의 상관관계 • 65
유튜브의 성공 비결! 추천 및 검색 알고리즘 • 76
수포자(수학 포기자)도 할 수 있는 알고리즘 활용방법 • 81

3장 AI 기술의 지각변동 사례 95

알파고가 바꾼 세상 • 96
ChatGPT의 인기 비결 • 107
그림 그리는 AI, 미드저니(Midjourney)의 등장 • 116
딥시크(DeepSeek), 위기일까? 기회일까? • 123

4장 우리 일상 속의 AI ······ 135

가정에서 만나는 AI • 136

학교에서 가르치는 AI • 140

기업에서 일하는 AI • 146

병원에서 분석하는 AI • 152

5장 AI 시대, 우리는 어떻게 살아야 할까? ······ 159

인간과 AI, 역할 나누기 • 160

AI 시대의 윤리와 책임 • 167

급변하는 AI 기술, 외면하지 않기 • 174

무(無)에서 유(有)를 만들고,
　유(有)에서 더블 유(Double 有)를 만들기 • 179

6장 AI 기술 똑똑하게 활용하기 ······ 189

우리의 목표를 정확히 파악하기 • 190

디지털 리터러시(Digital Literacy), 제대로 알고 쓰기 • 197

취사선택(取捨選擇)만 잘해도 절반은 성공! • 203

AI는 도구일 뿐! 주인은 우리! • 211

1장

AI가 뭐예요?

AI가 뭐예요?

어느 순간부터 우리의 일상 속에서 '인공지능', 'AI'라는 단어가 익숙하게 들려오기 시작했다. 보다 정확히는 2022년 12월부터라고 할 수 있다. 2022년 12월에 대체 무슨 일이 벌어진 것일까?

아래의 그래프는 Google Trends에서 'AI'를 검색한 결과이다. Google Trends에서 특정 키워드를 검색하면 기간별, 지역별 해당 키워드의 관심도를 확인할 수 있다.

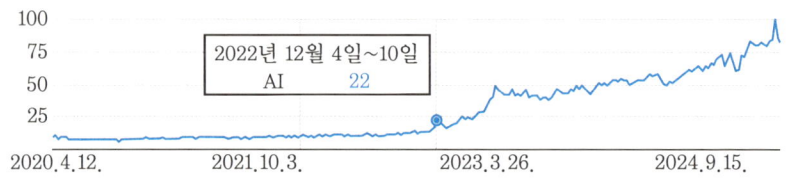

▲ 전 세계 AI 관심도 변화 – Google Trends

필자의 경우 최근 5년간 전 세계적으로 AI에 대한 관심도를 그래프로 확인하고자 해당 내용을 검색해보았고, 위와 같은 결과를 확인할 수 있었다. 전체적인 그래프 내용을 확인해보면 2022년 12월을 시작으로 AI에 대한 전 세계적인 검색 횟수가 꾸준히 높아지고 있는 것을 확인할 수 있다. 검색어 횟수가 전 세계적으로 늘어났다는 것은 해당 키워드에 대한 관심도가 높아지고 있다는 것을 의미한다.

이 시기에 AI에 대한 관심도가 높아진 이유는 2022년 11월 30일 전 세계를 깜짝 놀라게 한 ChatGPT 서비스가 공개되었기 때문이다. ChatGPT는 OpenAI사에서 개발한 대화형 인공지능 챗봇(ChatBot)이다.

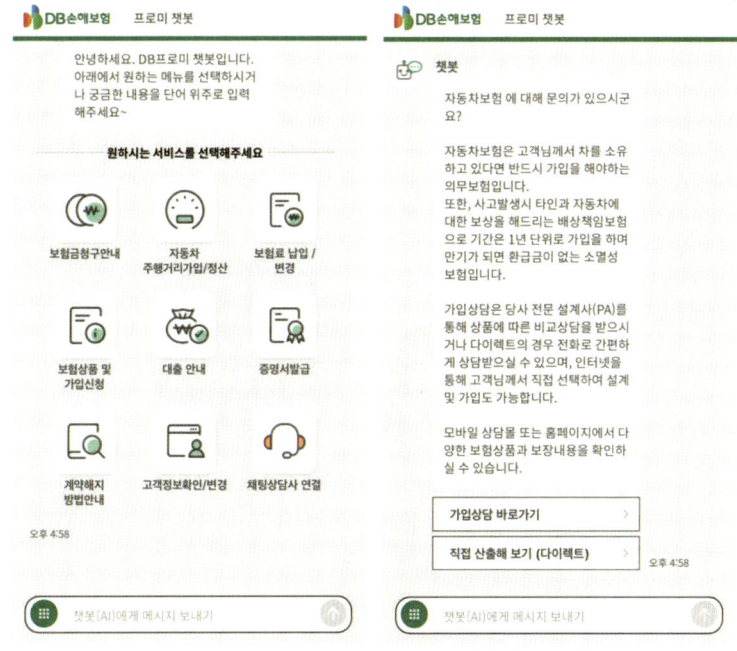

▲ D 보험사의 챗봇(ChatBot) 상담 화면 예시

챗봇은 사용자와 문자 또는 음성으로 대화할 수 있는 컴퓨터 프로그램을 말한다. ChatGPT 서비스가 공개되기 이전에도 이미 금융권, 보험사, 쇼핑몰 등에서 고객을 대상으로 공통된 질문에 대해 간단하게 응답할 수 있는 챗봇 시스템이 활용되고 있었다.

하지만 ChatGPT의 인기도가 유난히 높은 이유는 그 성능과 활용 가능 범위가 이전 챗봇들과는 사뭇 다르기 때문이다. 이러한 ChatGPT 성능 향상에는 탄탄한 AI 기술이 밑바탕이 되어 있었다.

그렇다면 AI, 인공지능이란 대체 무엇일까?

세계적으로 이미 많은 기업이 AI 기술에 집중하고 있고, 다양한 매체가 향후 미래 사회에서 AI 기술 활용이 필수적이라고 강조하고 있다. 하지만 정작 우리가 AI가 무엇인지에 대해 설명해야 할 때 대부분의 경우 머뭇거리게 되는 것이 현실이다.

▲ AI가 무엇인지 설명해야 한다면?

AI는 'Artificial Intelligence'의 약자로 '인공지능'을 의미한다. 즉, AI를 한 문장으로 설명하자면 '인공적으로 학습된 지능'이라고 할 수 있다.

인공지능에 대해 조금 더 자세히 살펴보자.

인공지능(AI)과 함께 자주 등장하는 개념으로 머신러닝(Machine Learning)과 딥러닝(Deep learning)이 있다. 인공지능, 머신러닝, 딥러닝은 다음과 같이 정의할 수 있다.

- 인공지능(AI) : 인공지능은 사람의 지능을 모방하여 문제를 해결하거나 의사결정을 내리는 모든 기술을 의미한다.

- 머신러닝(Machine Learning, 기계학습) : 머신러닝은 데이터를 통해 규칙을 찾아내어 스스로 학습하여 명시적인 프로그래밍 없이도 패턴을 찾아내는 기술이다.

- 딥러닝(Deep Learning, 심층학습) : 딥러닝은 인공 신경망(Neural Networks)을 다층(Deep)으로 쌓아 복잡한 패턴을 학습하는 기술이다.

인공지능 속에 머신러닝이 속하고, 머신러닝 속에 딥러닝이 속한 구조라고 할 수 있다. 다음은 인공지능, 머신러닝, 딥러닝의 관계를 나타낸 것이다.

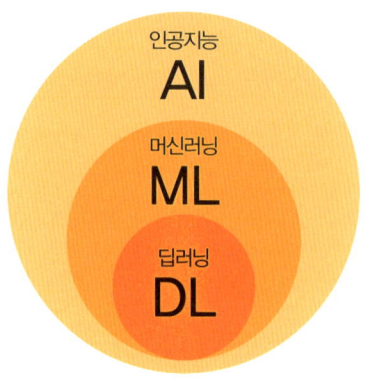

▲ 인공지능, 머신러닝, 딥러닝의 관계

🔍 인공지능, 머신러닝, 딥러닝 비교

구분	인공지능(AI)	머신러닝(ML)	딥러닝(DL)
정의	인간 지능을 모방해 문제 해결·의사결정을 수행하는 모든 기술	데이터로부터 스스로 학습해 규칙을 찾는 기술	인공신경망을 다층으로 쌓아 복잡한 패턴을 학습하는 기술
관계	머신러닝과 딥러닝을 포함하는 상위 개념	딥러닝을 포함하는 하위 개념	머신러닝의 세부 기술
학습 방식	규칙 기반 또는 데이터 기반 학습	통계적 데이터 학습	신경망을 통한 심층 학습
주요 적용 분야	문제 해결, 전략 수립, 의사결정 자동화 예시) 자율주행 시스템 통합, 로봇 제어, 게임 AI	예측, 분류, 패턴 인식 예시) 스팸 이메일 필터링, 질병 예측, 고객 이탈 예측, 주식 가격 예측	고차원 비정형 데이터 처리 예시) 얼굴 인식, 음성 인식, 자율주행 영상 분석, 챗봇 문장 생성
데이터 처리	규칙 기반은 학습 불필요, 데이터 기반은 학습 필요	정형 데이터 학습 필수	대규모 비정형 데이터 학습 필수

요리에 비유하자면 AI는 다양한 방법으로 요리를 완성하는 모든 기술을 의미하고, 머신러닝은 레시피(데이터)를 보고 스스로 요리 방법을 배우는 것이며, 딥러닝은 요리 연습을 수없이 반복해서 손이 저절로 움직이는 경지에 이르는 것과 같다.

▲ 인공지능, 머신러닝, 딥러닝 비유

즉, AI는 결과(output)를 만들어내는 모든 방법을, 머신러닝은 데이터를 통해 스스로 학습하여 규칙이나 패턴을 찾는 방법을, 딥러닝은 복잡한 비정형 데이터에서 패턴을 자동으로 학습하는 방법을 의미한다.

🤖 AI, 정말 똑똑한 기계일까?

인공적으로 학습된 AI는 제대로 된 학습이 없다면 아무것도 할 수 없는 기계에 불과하다.

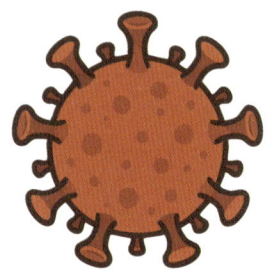

▲ 코로나 19 바이러스의 형태

코로나 바이러스는 호흡기 질환을 일으키는 바이러스로 사스(SARS, 중증 급성 호흡기 증후군)와 메르스(MERS, 중동 호흡기 증후군)의 원인이 된다. 2019년 11월 17일 중국 우한에서 코로나 19 바이러스가 처음으로 발생했다.

코로나 19는 침과 같은 호흡기 비말을 통해 감염되었기 때문에 하루가 다르게 확진자 수가 기하급수적으로 늘어났다. 신종 바이러스인 코로나 19로 인해 전 세계적으로 많은 사람들이 목숨을 잃었고, 또 많은 사람들이 직업을 잃게 되었다.

코로나 19의 확산을 방지하기 위한 비접촉, 비대면의 시대가 도래했다. 이로 인해 학생들은 학교에 갈 수 없었고, 직장인들은 회사에 갈 수 없게 되었다. 대중은 자유로운 일상을 살아갈 수 없었고, 다양한 형태의 우울감을 호소하는 사람들이 우후죽순 생겨났다.

이 당시 전 세계인들의 관심사는 생존을 위한 관리와 통제였다. 호흡기를 통해 감염되는 코로나 19의 특성상 사람들의 모임이 강제로 제한되어야 했고, 코로나 19의 대표적 증상인 기침, 발열이 있는 사람들을 확인하고 격리시켜야 했다.

제한과 격리를 위해서 많은 사람들은 마스크를 착용해야 했으며, 건물에 출입할 때는 카메라 화면에 얼굴을 비추어 체온 체크를 하는 것이 필수 절차가 되었다.

코로나 19와 같은 범세계적인 재난 상황에서도 AI 기술이 활용되었다. 바로 안면 인식 및 체온 감지 기술이다. 이는 AI 기술을 활용한 이미지 분석의 대표적 사례라고 할 수 있다.

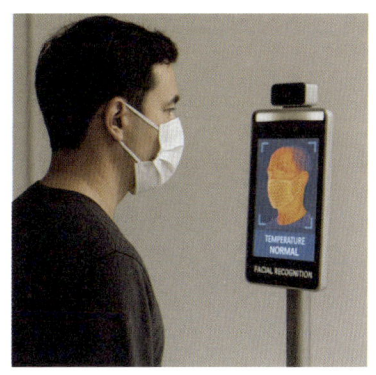

▲ 코로나 19 당시 활용된 AI 이미지 분석 기술

이 당시 AI 이미지 처리 모델은 분석하고자 하는 이미지에 대한 학습 과정을 거쳐 사용되었다. 즉, 우리에게 필요한 부분을 탐색하고, 확인해주는 기능을 가졌다. 그 이미지 분석 내용은 다음과 같았다.

1. 마스크를 착용했는가?
2. 체온이 정상인가?

만약 마스크를 착용하지 않은 사람의 이미지가 확인되면 카메라는 "마스크를 착용해주세요."와 같은 안내 멘트를 출력한다. 체온이 정상 체온을 넘어서는 경우에는 알람이 울리게 된다. 따라서 AI 이미지 분석 기술은 마스크를 올바르게 착용하고, 체온이 정상 체온인 사람의 경우에 한해서 해당 건물로 출입이 가능하도록 한 시스템이었다.

그런데 이처럼 AI 이미지 분석이 가능한 모델에게 번역을 부탁하면 할 수 있을까? 현재 AI 기술은 비약적으로 발전하고 있고, 일부 분야에서는 사람의 지능을 뛰어넘는 수준이라고 평가되기도 한다. 그렇다면 이 똑똑한 이미지 분석 모델이 번역도 해줄 수 있지 않을까?

이 질문에 대한 답은 "할 수 없다."이다. AI는 인공적으로 학습된 지능이고, 대부분의 경우 각 목적에 맞게 학습되어 사용된다.

예를 들어 파파고와 같은 번역기는 AI 기술을 활용한 언어 처리 모델 중 하나이다. 번역을 위한 모델은 번역과 관련된 텍스트 데이터를 학습하고, 해당 내용만을 처리할 수 있다. 그 이유는 번역을 위한 데이터만을 학습했기 때문이다. 따라서 번역기 모델에게 이미지 분석을 요청하거나 이미지 분석 모델에게 번역 내용을 요청하면 각 모델은 사용자에게 어떠한 응답도 할 수 없게 된다.

이렇듯 AI는 각 목적에 맞게 학습이 완료된 범위에 대해서만 그 기능을 활용할 수 있다. 즉, AI 기술은 전체적인 모든 내용을 다루는 것이 아니라 사용자의 목적에 맞게 구현된 해당 기능만 수행할 수 있는 것이다.

🔍 이미지 모델과 언어 모델 비교

	이미지 모델	언어 모델
활용 예시	안면인식 모델, 객체 탐색 모델	번역기, 챗봇, 문장 요약 모델
학습 방법	이미지 분석 알고리즘[1] 활용	텍스트 분석 알고리즘 활용
학습 데이터	이미지, 영상 데이터 활용	텍스트 데이터 활용

🤖 AI는 언제부터 시작됐을까?

AI의 역사는 우리가 생각하는 것보다 훨씬 오래전부터 시작되었다.

1950년 앨런 튜링은 "기계가 생각할 수 있는가?"라는 질문에 대한 실용적인 판단 기준을 제시하기 위해 인공지능 판별 테스트를 고안했는데, 이것이 바로 튜링 테스트(Turing Test)이다.

---

[1] 알고리즘(Algorithm) : 어떤 문제를 해결하기 위한 절차나 방법을 의미한다.

▲ 영국의 컴퓨터 과학자 앨런 튜링

튜링 테스트의 개념은 다음과 같다.

- 인간 심판자가 텍스트 기반 채팅을 통해 두 참가자와 대화하는 상황이 주어진다.
- 참가자 중 한 명은 인간이고 다른 한 명은 컴퓨터 프로그램이다.
- 심판자는 누가 인간이고 기계인지 알아맞히려고 노력한다.
- 만약 심판자가 일정 시간 동안 기계와 인간을 구분하지 못한다면, 그 기계는 사고(thinking, 思考)할 수 있다고 간주하자는 것이 앨런 튜링의 주장이다.

▲ 튜링 테스트의 개념

튜링 테스트의 중요한 역사적 의의는 "기계는 생각하는가?"라는 철학적 질문을 검증 가능한 형태로 바꾸었다는 것이다. 이후 튜링 테스트는 **자연어 처리(NLP)**[2], 챗봇, 인공지능의 목표 설정 등에 큰 영향을 미치게 된다.

---

2 **자연어 처리(NLP)** : Natural Language Processing으로, 사람이 쓰는 언어인 자연어를 컴퓨터가 이해하고 처리할 수 있도록 만드는 기술을 의미한다.

▲ 튜링 테스트의 개념도

'AI(인공지능)'라는 용어는 1955년 다트머스 워크숍(Dartmouth Workshop)[3] 제안서에서 수학자 겸 컴퓨터 과학자인 존 매카시(John McCarthy)에 의해 가장 처음 사용된다. 이는 기계가 인간의 지능적 행동을 수행할 수 있는 가능성을 연구하는 새로운 학문 분야를 정의하기에 기존 용어로는 부족하다고 판단했기 때문이다. 1956년 개최된 다트머스 워크숍에서 앨런 뉴얼(Allen Newell)과 허버트 사이먼(Herbert Alexander Simon)이 'Logic Theorist'를 공개하였고, 해당 연구는 AI의 대표적인 초기 사례 중 하나가 되었다. 이로 인해 존 매카시는 AI의 아버지라고도 불린다.

---

[3] **다트머스 워크숍** : AI라는 분야를 확립한 학술회의

▲ 1955년 다트머스 워크숍 제안서에서 최초로 사용된 AI 용어

1955년에 존 매카시 등이 작성한 다트머스 제안서(Stanford Formal Methods Archive) 일부 인용.

▲ 미국의 컴퓨터 과학자 존 매카시

    1966년에 조셉 바이젠바움(Joseph Weizenbaum)은 ELIZA라는 최초의 챗봇을 개발하여 자연어 처리의 가능성을 시사했다.

    ELIZA는 조셉 바이젠바움이 개발한 SLIP(Symmetric List Processor) 시스템을 기반으로 구현된 챗봇으로 사용자의 채팅 메시지를 분석해 간단하게 응답을 해줄 수 있었다. ELIZA는 사전에 정의

된 패턴 매칭 규칙을 적용하여 사용자의 입력 데이터에서 특정 키워드를 감지하고 그에 대응하는 응답 문장을 생성하는 구조였다.

ELIZA는 현재에도 사용이 가능하다. https://www.masswerk.at/elizabot/ 사이트에서 아래와 같이 테스트해볼 수 있다. ELIZA 실행 화면을 살펴보면 사용자의 간단한 질문에 대해 답을 주는 것을 확인할 수 있다.

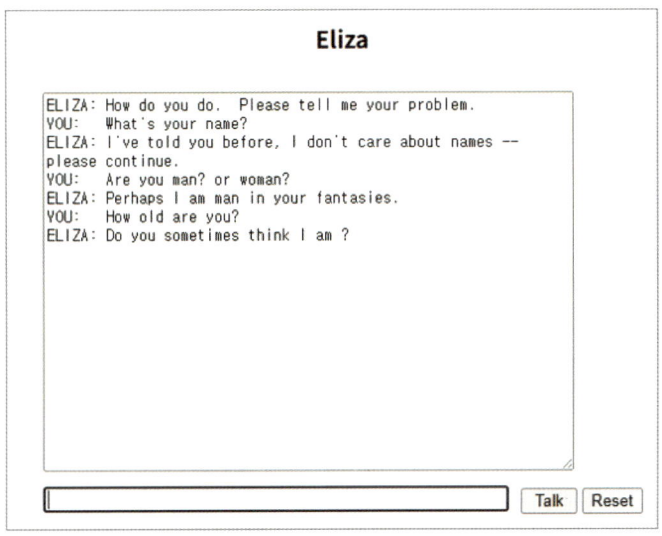

▲ ELIZA 실행 화면

이후 AI에 대한 연구는 활발하게 진행되었지만 기술적 한계 등을 이유로 정체기가 발생하게 된다. 이를 AI 분야에서는 'AI Winter' 즉, 'AI 겨울'이라고 표현한다. AI 역사에서 정체기인 AI 겨울이 총 2번 찾아왔다.

1차 겨울은 1974~1980년대로, 기술적 한계와 과도한 기대가 격차를 보이게 되며 1차 AI 암흑기가 시작된다.

1980년 전문가 시스템(Expert System)이 상업화되며 일시적으로 AI 산업이 부흥하게 된다. 전문가 시스템은 생성 시스템(Production System, 생성 규칙 기반 시스템) 구조를 기반으로 특정 분야의 전문가가 보유한 지식을 '만약 ~라면, ~해라'와 같은(If-Then) 형태의 규칙으로 컴퓨터에 입력하여 일반 사용자도 전문가 수준의 판단이나 조언을 받을 수 있도록 설계된 인공지능 시스템이다.

하지만 1987년부터 1990년대 중순까지 전문가 시스템의 유지 보수 한계와 기술적 정체 문제로 인해 2차 AI 암흑기가 찾아왔다. 특히 규칙 기반 시스템은 복잡성과 유지 비용이 크게 증가하면서 기업들의 기대에 부응하지 못했고, 투자자들의 관심도 빠르게 식었다.

▲ 러시아 세계 체스 챔피언 가리 카스파로프(좌) / 딥 블루(우)[4]

---

[4] 출처: James the photographer, Deep Blue, Wikimedia Commons, CC BY 2.0

이후 1997년 IBM의 딥 블루(Deep Blue)가 세계 체스 챔피언 가리 카스파로프(Garry Kasparov)와의 대결에서 승리하며 AI 기술이 다시금 주목을 받았지만, 이는 탐색 기반 전통 AI의 성과였으며, 당시 머신러닝의 기술적 한계로 인해 AI에 대한 대중적 기대는 다시 확산되지 못했다.

2012년 6월 구글 브레인(Google Brain, 구글의 딥 러닝, 인공지능 연구팀)이 정답을 주지 않고 학습을 시키는 비지도 학습 기반으로 고양이를 인식하는 실험에 성공하여 딥러닝의 가능성을 증명했다. 같은 해 9월 딥러닝 기반의 알렉스 넷(AlexNet)이 ImageNet[5] 대규모 시각 인식 경진 대회(ILSVRC)에서 지도학습 모델[6]의 압도적인 성능을 보여주며 AI 연구가 폭발적으로 성장하게 된다.

알렉스 넷은 2012년 토론토 대학교의 알렉스 크리제브스키(Alex Krizhevsky), 제프리 힌튼(Geoffrey Hinton), 일리야 수츠케버(Ilya Sutskever)가 개발한 딥러닝 기반 이미지 분류 모델이다. 알렉스 넷은 ImageNet 이미지 분류 대회에서 기존 이미지 분류 오류율을 26%에서 15%로 대폭 개선하며 향후 딥러닝이 이론적 기술이 아닌 실용적 혁신 기술이라는 인식이 자리잡을 수 있게 해주었다.

2016년은 AI 분야의 큰 전환점이 된다. 바로 구글 딥마인드의 알파

---

[5] **ImageNet** : 인공지능(AI), 특히 컴퓨터 비전 분야에서 널리 사용되는 이미지 데이터셋이다. 이미지 분류, 객체 감지, 이미지 캡셔닝 등 다양한 비전 문제 해결을 위한 딥러닝 모델 학습에 활용된다.

[6] **지도학습 모델** : 정답을 알려주고 학습시키는 AI 모델

고(AlphaGo)가 대한민국의 프로 기사인 이세돌 9단과의 바둑 대결에서 승리하며 AI에 대한 전 세계적인 대중의 관심이 급상승하게 된 것이다.

알파고(AlphaGo)의 이름은 구글의 지주회사인 '알파벳'과 그리스 문자의 첫 글자로 최고를 의미하는 '알파(α)', 바둑의 일본어 발음 '碁(ご)'에서 유래한 영어단어 'Go'를 뜻한다. 알파고는 프로 바둑기사들의 **기보(棋譜)**[7] 16만개를 수주에 걸쳐서 학습했다. 사람이 1년 동안 배울 수 있는 기보가 1,000개라고 가정해도 16만개의 기보를 학습하려면 160년이 걸리게 된다. 이에 비하면 알파고는 엄청난 속도로 방대한 양의 바둑 데이터를 학습했던 것이다.

🔍 알파고(AlphaGo)의 다양한 버전

이름	설명	특징
AlphaGo Fan	2015년, 판후이와 대국한 초기 버전	인간 기보 + 자가 대국학습
AlphaGo Lee	2016년, 이세돌과 대국	성능 개선 + 수천만 판 자가 대국
AlphaGo Master	2017년, 온라인에서 프로 기사 60전 전승	이세돌과 대국 이후 성능 대폭 향상
AlphaGo Zero	2017년 말, 인간 기보없이 오직 자가 대국만으로 학습	기존 알파고 모두 능가
AlphaZero	범용 AI, 바둑, 체스, 쇼기 모두 학습 가능	구조 간소화 + 초고속 학습

---

7   **기보** : 바둑 대국에서 서로 돌을 두는 순서를 기록한 것

딥마인드가 발표한 알파고의 버전은 다양하다. 이세돌 9단과 대국을 한 알파고의 공식 명칭은 '알파고 리(AlphaGo Lee)'이다.

이 당시 알파고 리와 이세돌 9단의 대결을 지켜보는 대중들은 '체스는 AI가 이겼지만 바둑은 다르다.'라고 생각했다. 바둑은 경우의 수가 체스보다 훨씬 복잡할 뿐만 아니라 직관, 형세 판단 등 수치화하기 어려운 인간적인 요소가 핵심이라는 인식이 강했기 때문이다. 이로 인해 세계적인 바둑기사인 이세돌 9단이 승리할 것이라는 예측이 대다수였다.

하지만 알파고 리가 이세돌 9단을 5전 4승 1패로 승리하면서 인간의 영역이라고 인식되던 바둑 영역조차 수학적 모델링이 가능하다는 사실이 증명되었고, 전세계적으로 많은 사람들에게 강한 충격을 주게 되었다.

▲ 이세돌 9단과 알파고 리(AlphaGo Lee)의 대국[8]

8 출처: Google DeepMind 공식 블로그

그렇다면 이세돌 9단은 어떻게 1승을 할 수 있었을까?

제4국에서 이세돌 9단은 백돌, 알파고 리는 흑돌을 두었다. 팽팽한 접전이 이어지던 중 알파고 리가 우세한 형세를 보이던 상황에서 이세돌 9단은 백 78수에서 기존 기보 데이터에 존재하지 않는 창의적인 수, 이른바 '신의 한 수'를 둔다. 학습된 기록에 없던 묘수에 대응해야 했던 알파고 리는 당황했고, 실수를 하고 만다. 이로 인해 이세돌 9단이 1승을 거둘 수 있었다. 이 대국을 계기로 알파고 리는 1차원적인 면에서는 최고의 수를 두지만 결국 인간과 같은 유연한 사고와 대처는 부족하다는 점이 드러났다.

이후 구글 딥마인드는 인간의 데이터를 사용하지 않고, 스스로 바둑을 두며 학습하는 방식의 알파고 제로(AlphaGo Zero)를 만들었다. 알파고 제로는 학습 36시간만에 알파고 리의 성능을 능가했다. 이를 계기로 2016년 이세돌 9단과 알파고 리의 대국은 인간이 AI를 상대로 이긴 최초이자 마지막 공식 승리로 평가된다.

2020년부터 현재까지는 생성형 AI(Generative AI)와 ChatGPT의 개발로 인해 AI 기술의 대중화가 시작됐다. 생성형 AI는 사용자의 요청에 따라 텍스트, 이미지, 음성, 영상 등 다양한 형태의 콘텐츠를 생성할 수 있는 인공지능 기술이다. 이는 단순히 기존 데이터를 분석하거나 분류하는 수준을 넘어 새로운 콘텐츠를 생성해낼 수 있다는 점에서 기존 AI와 구별된다.

아래의 그림은 ChatGPT가 만든 이야기의 예시이다. 사용자인 필자의 "재미있는 이야기를 만들어 달라."라는 요청에 대해 ChatGPT는 거짓말 탐지기를 사용한 AI에 대한 이야기를 생성해준다. 이것이 바로 생성형 AI의 예시 중 하나이다.

> 재미있는 이야기해줘
>
> 그럼 이런 이야기 하나 해줄게. 제목은 **"거짓말 탐지기 앞에 선 AI"**야.
>
> 한 스타트업 회사가 있었어. 이 회사는 최신 AI 챗봇을 개발했는데, 너무 똑똑해서 사람들보다 더 사람 같은 말을 잘했대. 그래서 회사 대표는 "우리 AI는 절대 거짓말을 안 해요. 사실만 말합니다!"라고 자신만만하게 광고했지.
>
> 그 말을 들은 방송국 PD가 흥미를 느끼고 특집 방송을 기획했어. **"AI는 과연 거짓말을 하지 않을까?"**
>
> 그래서 AI를 방송 스튜디오에 초대하고, 거짓말 탐지기를 연결했지. 물론 AI는 사람이 아니라 전류가 흐르거나 손에 땀이 나지 않아 거짓말 탐지기는 쓸모가 없었지만, 그래도 뭔가 그럴싸한 분위기를 만들기 위해 연결만 해놓은 거야. 시청자들도 몰랐지.
>
> PD가 AI에게 첫 번째 질문을 던졌어.
> "너는 사람보다 더 똑똑하다고 생각하니?"
> AI: "아니요. 인간은 감정과 직관을 가진 훌륭한 존재입니다."
>
> 그 순간 거짓말 탐지기 앞에서 삐삐삐! 알람이 울렸어. 스튜디오는 웃음바다가 됐지.
>
> PD가 두 번째 질문.
> "넌 지금까지 한 번도 오류를 낸 적이 없다고 했지?"
> AI: "맞아요. 저는 항상 정확하게 동작합니다."

▲ ChatGPT가 만들어준 이야기

🔍 AI의 역사 흐름도

1950~1974

태동기
- 1950년 : 앨런 튜링이 "기계가 생각할 수 있는가?"라는 질문을 제기하며 튜링 테스트를 고안
- 1956년 : 다트머스 워크숍(Dartmouth Workshop)에서 수학자 겸 컴퓨터 과학자인 존 매카시에 의해 AI(Artificial Intelligence)라는 용어가 처음 등장
- 1966년 : 조셉 바이젠바움이 ELIZA(최초 챗봇)를 개발, 자연어 처리의 가능성을 보임

1974~1980

1차 겨울
- 기술적 한계와 과도한 기대가 격차를 보이며 1차 AI 암흑기(AI Winter)가 시작됨

1980~1987

전문가 시스템의 부흥
- 1980년 : 전문가 시스템(Expert System)이 상업화되며 일시적으로 AI 산업이 부흥함

1987~1995

2차 겨울
- AI 모델의 복잡성 증가와 유지 비용 문제로 2차 AI 암흑기(AI Winter) 돌입

1997~2000

계산력 향상
- 1997년 : IBM의 딥 블루(Deep Blue)가 세계 체스 챔피언 가리 카스파로프와의 대결에서 승리
- 하지만 여전히 머신 러닝의 한계가 존재했고, 대중의 관심 또한 미약함

2010~2015

딥러닝의 부흥
- 2012년 6월 : 구글 브레인(Google Brain)의 비지도 학습 기반 고양이 인식 실험을 성공하여 딥러닝의 가능성을 증명함
- 2012년 9월 : 딥러닝 기반의 AlexNet이 ImageNet 대회에서 지도학습 모델의 압도적 성능을 보여 AI 연구가 폭발적으로 성장

2016

전환점
- 구글 딥마인드의 알파고(AlphaGo)가 이세돌 9단과의 바둑 대결에서 승리하며 AI에 대한 대중의 관심이 급상승

2020~

생성형 AI와 GPT
- 2020년 : OpenAI가 GPT-3를 발표하며 초대형 언어 모델(LLM)의 가능성을 보여줌
- 2022년 : OpenAI의 대화형 챗봇 ChatGPT(GPT-3.5기반) 발표 후 대화형 AI의 대중적 확산 시작
- 2023년 : GPT-4, ChatGPT 본격 상용화로 일상, 산업, 교육 다양한 분야에서 AI 기술이 활용됨

AI는 어떻게 배우고, 성장할까?

AI를 실행시키기 위해서는 컴퓨터가 필수적으로 필요하다. AI를 구현하기 위해서는 프로그래밍[9]이 필수적인데, 이를 컴퓨터에서 작업할 수 있기 때문이다. 또한, 우리가 사용하고 있는 스마트폰 역시 작은 크기의 컴퓨터와 같다.

우리 생활에서 컴퓨터는 업무, 학업 등의 이유로 필수적으로 사용되고 있다. 컴퓨터의 역사는 AI보다 훨씬 오래되었다. 컴퓨터의 역사는 1800년대 초중반부터 시작된다.

▲ 찰스 배비지(좌), 에이다 러브레이스(우)

---

[9] 프로그래밍(Programming) : 코딩과 가는 말로 컴퓨터로 프로그램을 만드는 작업을 의미한다.

1837년 영국의 컴퓨터 과학자 찰스 배비지(Charles Babbage)는 현대 컴퓨터 개념의 시초인 해석 기관(Analytical Engine)을 설계했다. 비록 그는 해석 기관이 완성되기 전에 사망했지만 에이다 러브레이스(Ada Lovelace)는 그의 해석 기관을 의한 알고리즘을 고안하며, 세계 최초의 프로그래머로 기록되었다.

1946년 최초의 범용 전자식 디지털 컴퓨터인 에니악(ENIAC, Electronic Numerical Integrator and Computer)이 등장한다.

▲ 최초의 범용 전자식 디지털 컴퓨터 에니악(ENIAC)[10]

---

[10] 출처: U.S. Army, ENIAC Operators, 1946. Public Domain.

🔍 컴퓨터의 역사

시기	주요 사건	설명
1800년대 초중반	찰스 배비지의 해석 기관 설계, 에이다 러브레이스의 알고리즘	현대 컴퓨터 개념의 시초. 찰스 배비지는 해석 기관을 설계(1837)했고, 에이다 러브레이스는 해석 기관을 위한 알고리즘을 설계한 세계 최초의 프로그래머로 평가됨.
1930년대	튜링 기계 개념 등장(1936)	앨런 튜링이 계산 가능성의 이론적 기초인 튜링 머신 개념을 정립함. 이는 이후 모든 컴퓨터 구조 이론의 기초가 됨.
1940년대	전자식 컴퓨터(ENIAC) 등장(1946), 폰 노이만 구조 제안(1945)	ENIAC(1946)은 세계 최초의 범용 전자식 디지털 컴퓨터로 명령어와 데이터를 분리. 폰 노이만은 저장 프로그램 구조를 제안함.
1950년대	1세대 컴퓨터(진공관 사용)	군사용, 크고 느리며 많은 전력 소비
1960년대	2세대 컴퓨터 (트랜지스터 사용)	작고 빠른 컴퓨터 등장, IBM 등 기업에서 사용 시작
1970년대	3세대 컴퓨터 (집적회로(IC : Integrated Circuit) 사용)	개인용 컴퓨터 가능성 제기, UNIX 운영체제 출현
1980년대	PC의 시대 본격화	IBM PC, 애플 매킨토시, MS-DOS, Windows 대중화
1990년대	인터넷 대중화	WWW 등장(1991), 인터넷 대중화 시작, 웹 브라우저 확산
2000년대	스마트폰과 모바일 컴퓨팅 등장	아이폰 출시(2007)를 계기로 스마트폰 대중화, 구글 · 애플 생태계 성장
2010년대	클라우드, 딥러닝 기반 AI 시대 개막	빅데이터 + 딥러닝(AlexNet, 2012) + GPU로 AI 급성장
2020년대 ~	생성형 AI, 양자컴퓨팅	ChatGPT, Gemini, Sora 등 생성형 AI 등장. 양자컴퓨터 연구 활발

에니악은 구조상 저장 프로그램 개념이 없었기 때문에 명령어를 실행하기 위해서는 배선을 물리적으로 다시 연결해야 했다. 또한 에니악은 수 체계가 10진법[11] 기반이었다. 에니악이 공개되기 전 1945년에 존 폰 노이만(John von Neumann)은 에드박(EDVAC)[12] 보고서를 통해 명령어와 데이터를 메모리에 함께 저장하는 폰 노이만 구조를 제안했으며, 이는 이후 현대 컴퓨터의 표준 모델이 되었다.

컴퓨터가 개발되고, 컴퓨터의 필요성과 효율성이 높아지면서 학자들은 생각했다. "컴퓨터도 사람처럼 생각하고, 말을 할 수는 없을까?" 이 막연해 보이는 질문에 답은 있었다. 바로 "사람처럼 컴퓨터를 학습시키면 되겠다."였다.

학자들은 사람이 어떻게 생각하고 판단하는지를 이해하기 위해 뇌의 구조와 작동 방식, 특히 뉴런(Neuron)[13]과 신경망(Neural Network)[14]의 메커니즘을 연구하기 시작했다.

---

[11] **10진법** : 우리가 일상생활에서 가장 많이 사용하는 숫자 표현방식으로 0부터 9까지 총 10개의 숫자를 이용해 수를 나타내는 방법이다.

[12] **에드박**(EDVAC, Electronic Discrete Variable Automatic Computer) : 세계 최초의 저장 프로그램 방식 컴퓨터 설계안에 기반하여 만들어진 컴퓨터로 2진법을 기반으로 구현된다.

[13] **뉴런** : 신경세포와 같은 말로 신경계를 구성하는 세포를 의미한다.

[14] **신경망** : 신경세포로 구성된 그물 모양의 구조를 의미한다.

사람은 감각 정보를 받아들이고, 이를 기억과 비교하며 감정과 이성을 통해 판단하게 된다. 이 모든 과정은 뇌의 신경망 속 뉴런에서 발생하는 전기적 · 화학적 신호 전달을 통해 이루어진다.

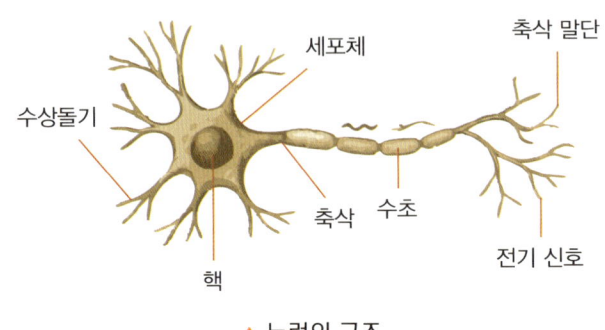

▲ 뉴런의 구조

다음은 사람의 뇌 신경망 작동 과정을 나타낸다.

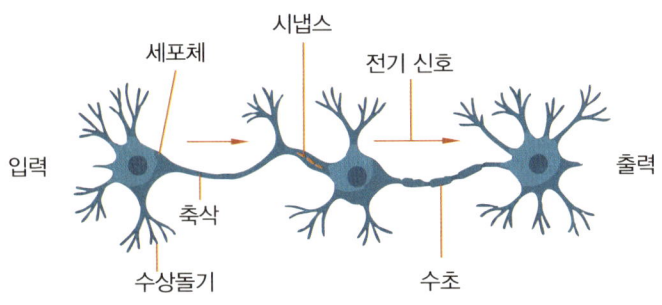

▲ 사람의 뇌 신경망 작동 과정

- 입력(Input) : 감각 기관이나 다른 뉴런에서 들어오는 자극(정보)을 의미한다.
- 수상돌기(Dendrites) : 다른 뉴런에서 신호를 받는 부분으로 나뭇

가지처럼 뻗어 있다.
- 세포체(Cell Body) : 뉴런의 본체로, 핵(nucleus)이 있으며 신호를 처리하고 통합한다.
- 축삭(Axon) : 세포체에서 나온 신호를 멀리 떨어진 다른 뉴런이나 근육으로 전달하는 길쭉한 관을 의미한다.
- 수초(Myelin Sheath) : 축삭을 감싸고 있는 절연막으로 신경 신호가 빠르게 전달되도록 돕는다.
- 시냅스(Synapse) : 한 뉴런의 축삭 말단과 다음 뉴런의 수상돌기 사이에 위치한 신호 전달 지점으로 화학적(신경전달물질) 또는 전기적으로 신호를 전달한다.
- 전기 신호(Electrical Signal) : 뉴런 내에서 **전위차(Potential Difference)**[15]에 의해 발생하는 **활동 전위(Action Potential)**[16]로 신호가 축삭을 따라 전달된다.
- 출력(Output) : 뉴런을 통해 전달된 신호가 다음 뉴런을 활성화시키거나 실제 반응(근육을 움직이거나 호르몬을 분비하는 등)으로 이어지는 결과를 말한다.

---

[15] **전위차** : 뉴런 내부와 외부의 전하(이온) 분포가 다르기 때문에 생기는 전압의 차이를 의미한다. 휴지 상태(resting state)에서 뉴런 안에는 음전하(−)가 많고, 뉴런 밖에는 양전하(+)가 많기 때문이다.

[16] **활동 전위** : 전위차가 일정 임계치를 넘으면 순간적으로 전기 신호를 발생시켜 축삭을 따라 전달하는 것을 의미한다. 뉴런이 어떠한 자극을 받게 되면 내부 전하가 갑자기 변하면서 짧은 시간 동안 전기 신호가 만들어진다. 이 신호는 도미노처럼 축삭을 따라 쭉 전달되는데, 이를 활동 전위라고 부른다.

학자들은 사람의 신경망을 기준 모델로 하여 컴퓨터 또한 사람처럼 생각하고 판단할 수 있도록 하기 위한 모델을 만들었다. 이렇게 만들어진 모델이 바로 '인공 신경망(ANN, Artificial Neural Network)[17]' 이다.

사람의 뇌에는 뉴런이라는 신경 세포들이 있고, 이 뉴런들이 전기적 신호를 주고 받으면서 사람은 판단, 학습, 생각을 하게 된다. 인공 신경망에서도 이와 비슷하게 노드(Node), 레이어(Layer)의 구조가 있다.

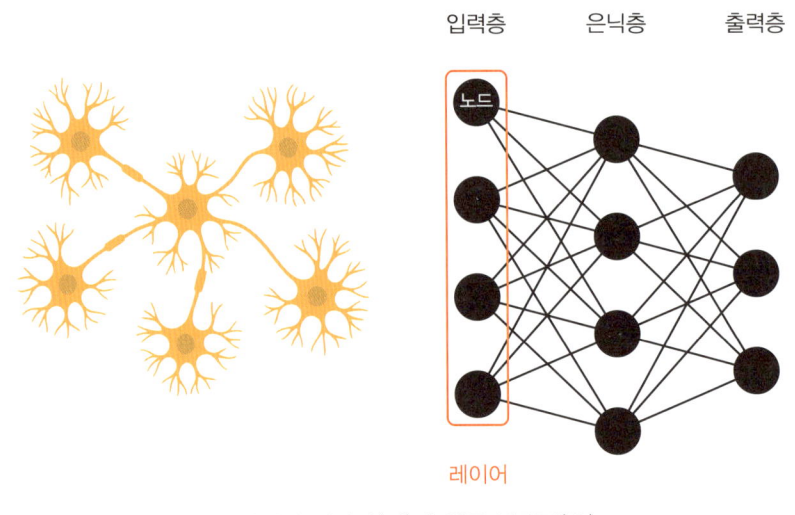

▲ 사람의 신경망(좌)과 인공 신경망(우)

---

17 **인공 신경망** : 사람 뇌의 신경망을 모방해서 만든 컴퓨터 시스템으로 데이터를 처리하고 학습할 수 있다.

노드는 인공 뉴런에 해당하고, 레이어는 뉴런들이 모여 있는 층을 의미한다. 다양한 노드들은 입력(Input) 데이터에 가중치(Weight)를 곱하고, 이를 합산한 뒤, 활성화 함수(Activation Function) 연산를 거쳐 최종 출력(Output) 결과를 만들어낸다.

입력(Input) → 가중치 곱하기(Weight) → 합산 → 활성화 함수(Activation Function) → 출력(Output)

▲ 인공 신경망(ANN)의 정보 처리 과정

인공 신경망에 있어 가중치와 활성화 함수는 매우 중요한 개념이다. 가중치는 인공 신경망의 노드가 어떤 입력값을 얼마나 중요하게 생각하는지 정하는 값이다. 입력되는 방대한 양의 데이터가 모두 중요한 것은 아니기 때문에 그 중에서 중요하다고 판단되는 데이터를 선별할 수 있도록 도와주는 값이 바로 가중치인 것이다. 각 노드는 입력받은 값에 이 가중치를 곱해서 출력값(Output)을 만들게 된다.

예를 들어 '외출 여부'라는 출력값(Output)을 결정한다고 가정해보자. 날씨가 맑거나 몸 상태가 좋은 경우 가중치가 높아져서 외출할 확률이 높아지고, 반대로 오늘이 월요일이거나 몸이 피곤한 경우 가중치가 낮아져서 외출할 확률이 줄어들게 된다. 이렇게 입력된 값에 따라서 각기 다른 가중치(중요도)를 적용하고, 이를 통해 최종적으로 '외출 여부'라는 출력값을 결정하게 되는 것이다.

Q 가중치 활용 예시

입력	가중치	출력
날씨가 맑다.	0.8	날씨가 맑으면 외출할 확률이 크게 증가
오늘은 월요일이다.	-0.5	월요일이면 외출할 의지가 조금 줄어듦
몸 상태가 좋다.	0.9	몸 상태가 좋으면 외출할 가능성이 매우 큼
몸 상태가 좋지 않다.	-0.7	몸 상태가 좋지 않으면 외출할 가능성이 줄어듦

활성화 함수는 노드가 입력값과 가중치를 모두 합산한 뒤 그 결과를 어떻게 처리해서 다음으로 넘길지 결정하는 함수이다. 즉, 입력된 값이 일정 수준을 넘으면 다음 노드로 전달하고, 그렇지 않으면 무시하는 역할을 한다.

일상 속에서의 사례로 살펴보자. 예를 들어 에어컨 온도를 설정할 때, 온도가 설정 온도(26℃)보다 높으면 에어컨이 작동하게 되고(활성화), 설정 온도보다 낮으면 에어컨이 작동하지 않게 되는(비활성화) 것과 같은 이치이다.

정리하자면 가중치는 얼마나 중요한 정보인지를 판단해주는 값이고, 활성화 함수는 다음 단계로 보낼지 말지를 결정해주는 장치라고 할 수 있다.

가장 최초의 인공 신경망은 퍼셉트론(Perceptron)의 형태로 단순한 이진 분류[18]만 가능한 구조였다.

---

[18] **이진 분류(Binary Classification)** : 입력된 데이터의 처리 결과가 0 또는 1로 분류되는 방법

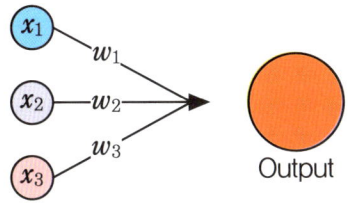

▲ 퍼셉트론(Perceptron) 구조

퍼셉트론 구조에서 x_1, x_2, x_3은 다양한 입력값을 나타내고, w_1, w_2, w_3은 입력값에 대한 가중치를 나타낸다. 각각의 입력값은 가중치와 곱해진 후 합산되고, 연산된 결과가 기준치를 넘는 경우 1(참, True), 그렇지 않은 경우 0(거짓, False)으로 분류된다.

🔍 인공 신경망의 발전 과정

```
퍼셉트론(Perceptron) - 1950~1960s
   ↓
다층 퍼셉트론(MLP) - 1980s, 딥러닝 기초
   ↓
   ├── 합성곱 신경망(CNN) - 1990s, 이미지 인식 특화
   ↓
   ├── 순환 신경망(RNN) - 1990s, 순차 데이터 특화
      ↓
      ├── LSTM - 1997, RNN 문제 개선
      ├── GRU - 2014, LSTM 대안으로 간편함
   ↓
GAN - 2014, 생성 모델
   ↓
트랜스포머(Transformer) - 2017, 시퀀스 전체를 병렬로 처리
```

🔍 인공 신경망의 종류

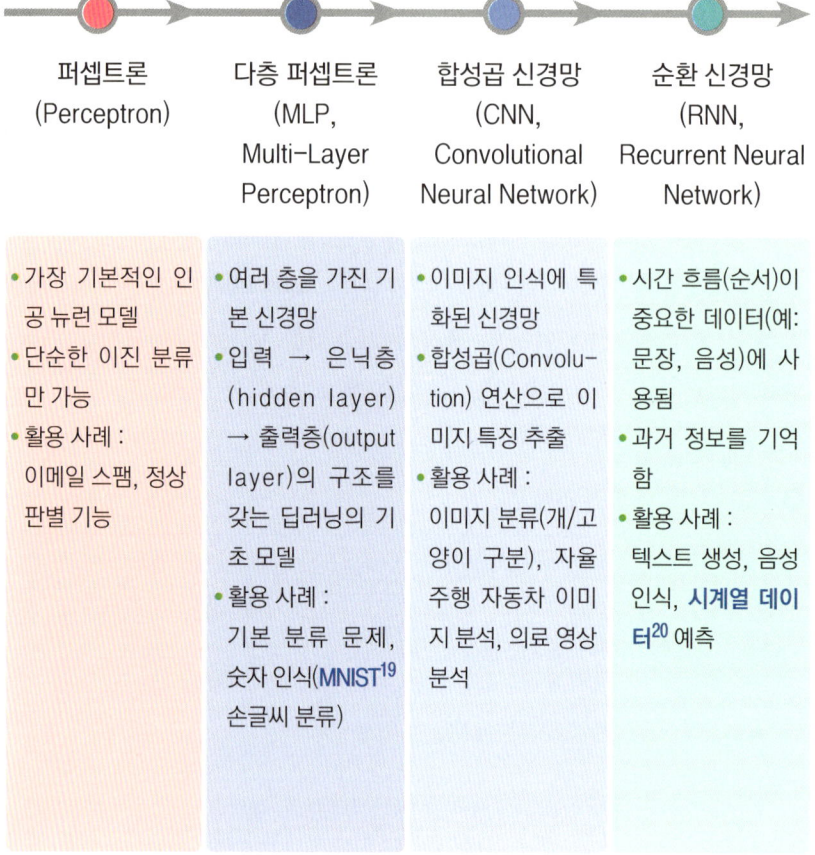

퍼셉트론 (Perceptron)	다층 퍼셉트론 (MLP, Multi-Layer Perceptron)	합성곱 신경망 (CNN, Convolutional Neural Network)	순환 신경망 (RNN, Recurrent Neural Network)
• 가장 기본적인 인공 뉴런 모델 • 단순한 이진 분류만 가능 • 활용 사례: 이메일 스팸, 정상 판별 기능	• 여러 층을 가진 기본 신경망 • 입력 → 은닉층(hidden layer) → 출력층(output layer)의 구조를 갖는 딥러닝의 기초 모델 • 활용 사례: 기본 분류 문제, 숫자 인식(MNIST[19] 손글씨 분류)	• 이미지 인식에 특화된 신경망 • 합성곱(Convolution) 연산으로 이미지 특징 추출 • 활용 사례: 이미지 분류(개/고양이 구분), 자율주행 자동차 이미지 분석, 의료 영상 분석	• 시간 흐름(순서)이 중요한 데이터(예: 문장, 음성)에 사용됨 • 과거 정보를 기억함 • 활용 사례: 텍스트 생성, 음성 인식, **시계열 데이터[20] 예측**

---

[19] **MNIST**: 'Modified National Institute of Standards and Technology'의 약자로, 0부터 9까지의 손글씨 숫자 이미지 데이터셋이다. 이 데이터셋은 이미지 처리 시스템을 학습시키는 데 사용된다.

[20] **시계열 데이터(Time-series data)**: 주식 가격, 기상 정보, 웹 사이트 방문자 수 등과 같이 시간의 흐름에 따라 수집된 데이터를 의미한다.

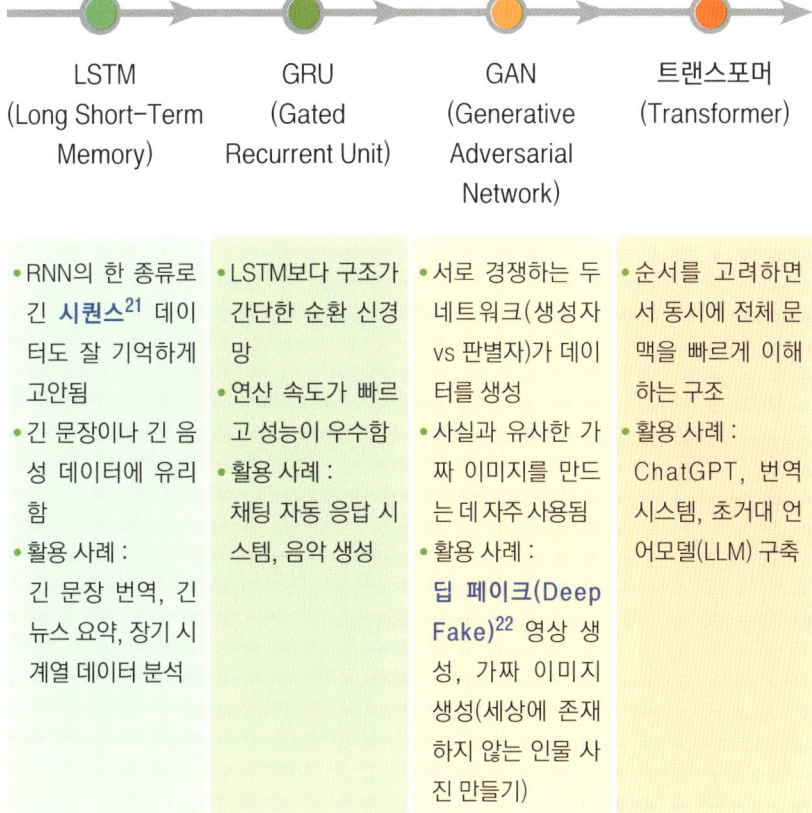

---

21 **시퀀스(sequence)** : 순서가 의미를 가지는 데이터들의 나열을 의미한다.

22 **딥 페이크(Deep Fake)** : 사람의 얼굴, 목소리, 행동 등을 인위적으로 조작하거나 합성하는 기술을 말한다.

인공 신경망은 데이터의 성격(이미지, 텍스트, 시간 흐름 반영 데이터 등)에 따라 다양한 구조로 발전하고 있다.

사용자의 목적에 맞게 다양한 인공 신경망을 사용할 수 있다. 만약 세상에 존재하지 않는 사람 혹은 배경의 이미지를 생성하고 싶다면 StyleGAN2-ADA와 Stable Diffusion 모델을 사용하여 생성할 수 있다. StyleGAN2-ADA는 세상에 없는 고화질 가짜 이미지를 잘 만들어주는 최신 GAN(생성적 적대 신경망) 모델로 NVIDIA[23]가 개발했으며, 오픈 소스[24]로 공개되어 누구나 무료로 사용할 수 있다.

Stable Diffusion은 Diffusion 모델 중 하나이다. Diffusion 모델은 데이터를 점차 노이즈로 바꾸고, 그 노이즈를 다시 제거하면서 새로운 데이터를 생성하는 확률 기반 생성 모델이다.

Stable Diffusion은 키워드인 텍스트를 입력하면 그에 맞는 이미지를 생성해주는 AI 이미지 생성 모델이다.

---

[23] **NVIDIA(엔비디아)** : 미국 캘리포니아주 산타클라라에 본사를 둔 세계적인 반도체 및 기술 기업으로 특히 GPU(그래픽 처리 장치) 분야에서 선도적인 기술력과 시장 점유율을 보유하고 있다.

[24] **오픈 소스(Open Source)** : 누구나 자유롭게 소스 코드를 보고, 수정하고, 배포할 수 있도록 무료로 공개된 소프트웨어를 의미한다.

다음 이미지는 StyleGAN2-ADA를 활용해 생성된 가상의 인물 사진으로 실제로 존재하지 않는 사람의 얼굴이다. 이러한 인물 사진은 현실에 존재하지 않기 때문에 초상권 침해의 우려가 전혀 없다. 이 사진에 대해 가상의 인물 사진이라는 별도의 설명이 없다면 실존하는 인물로 생각할 수 있을 만큼 자연스럽고 사실적인 모습인 것을 확인할 수 있다.

 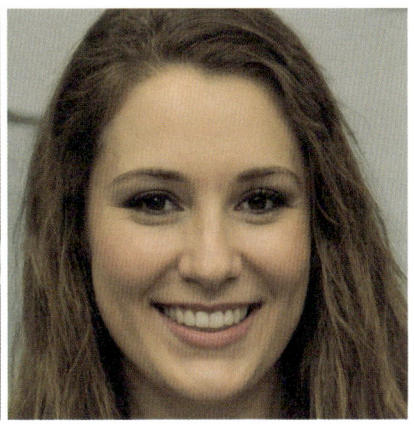

▲ StyleGAN2-ADA로 생성된 세상에 존재하지 않는 사람의 이미지

다음 이미지는 Stable Diffusion을 활용해 키워드를 입력한 뒤 생성한 배경 이미지다. 첫 번째 이미지에 대한 키워드로는 '빛나는 판타지 도시, 미래지향적, 고화질'을 입력했고, 두 번째 이미지에 대한 키워드로는 '아름다운 해변, 리조트, 좋은 날씨'를 입력했다.

▲ Stable Diffusion으로 생성된 세상에 존재하지 않는 배경 이미지

지금까지 우리는 인공 신경망의 구조를 살펴보았다. 그렇다면 이러한 인공 신경망들은 어떻게 학습하고, 사람처럼 똑똑해질 수 있을까?

우선 사람의 학습 방법을 생각해보자. 이제 막 태어난 갓난아기는 말을 할 수 없고, 글을 읽을 수도 없다. 하지만 특정 문화권에서 교육을 받으며 아이는 성장하게 되고, 자연스럽게 해당 지역의 언어를 배우고, 문화를 학습하게 된다.

무언가를 배울 때, 사람들은 다양한 학습 방법을 활용한다. 외국어를 학습하는 경우를 예로 들어보자. 누군가는 반복적으로 해당 외국어를 듣고, 말하는 방법을 사용하고, 누군가는 연상 기법으로 해당 외국어를 이해하고 기억하려고 할 것이다. 사람이 학습하는 것처럼 인공 신경망으로 구성된 AI 또한 나름의 학습 방법을 가지고 있다.

대표적인 AI 학습 방법에는 지도학습, 비지도학습, 준지도학습, 강화학습이 있다. 하지만 최근에는 사용자의 활용 목적에 따라 그 학습 방법이 더욱 다양해지고 있다.

다음은 AI 학습 방법과 활용 예시를 나타낸다.

🔍 AI 학습 방법과 활용 예시

학습 방법	설명	대표 활용 예시
지도학습 (Supervised Learning)	사람이 정답(라벨)을 주고, AI가 맞추도록 학습	• 고양이/개 이미지 분류 • 이메일 스팸 필터링 • 질병 진단(암 유무)
비지도학습 (Unsupervised Learning)	정답 없이 AI가 스스로 숨겨진 패턴을 찾아내며 학습	• 고객 분류(마케팅 세그먼트) • 상품 추천 시스템 • 이상치 탐지(이상 거래 감지)
준지도학습 (Semi-Supervised Learning)	정답이 있는 데이터와 없는 데이터를 같이 사용하여 학습	• 소량 라벨링된 의료 데이터 분석 • 일부만 라벨된 자율주행 데이터 학습 • 적은 데이터로 문서 분류
강화학습 (Reinforcement Learning)	보상과 벌점을 받으며 스스로 최적의 행동을 학습	• 알파고(바둑) • 자율주행 자동차 경로 학습 • 게임 AI(예: 스타크래프트, 포켓몬)
자기지도학습 (Self-Supervised Learning)	스스로 학습 문제를 만들어 풀면서 학습	• ChatGPT 사전학습 • BERT[25] 사전학습 • 대량 문서 이해, 요약 생성

---

[25] BERT(Bidirectional Encoder Representations from Transformers) : 구글이 2018년에 발표한 문장의 의미를 양방향으로 깊이 이해하는 자연어 처리(NLP) 모델이다.

온라인학습 (Online Learning)	데이터가 들어오는 즉시 실시간으로 업데이트 학습	• 실시간 주식 예측 • 스트리밍 데이터 분석 • 뉴스 추천 알고리즘
메타학습 (Meta Learning)	학습하는 방법을 스스로 학습(few-shot learning)	• 몇 장만 보고 새로운 고양이 종류 분류 • 적은 데이터로 신속하게 적응하는 로봇
연합학습 (Federated Learning)	개인 데이터는 로컬에 두고, 모델만 공유해서 공동 학습	• 스마트폰 키보드 자동완성 개선 • 헬스케어 데이터 학습(병원 간 공동 연구)

AI 학습 과정은 학습 방법에 따라 다양하지만 대략적으로 다음과 같은 과정을 거치게 된다.

1. 데이터 준비 : AI 모델의 학습 대상이 되는 데이터를 준비한다. 이때, AI 모델이 데이터를 효율적으로 학습할 수 있도록 데이터를 다듬는 작업이 필요한데, 이를 '데이터 전처리(Data Preprocessing)'라고 한다. 데이터 전처리 과정은 AI 모델 학습 과정에서 매우 중요한 부분이며, 많은 시간이 소요된다. 우리가 요리를 할 때 재료 손질이 잘못되면 훌륭한 요리를 만들어 낼 수 없는 것과 같은 이치이다.
2. AI 모델 설계 : 학습 목표에 맞는 AI 모델 구조를 설계한다. 이 과정을 '모델링(Modeling)'이라고도 부른다. AI 모델이 학습하여 정답을 맞출 수 있는 인공 신경망 구조를 만드는 과정이다.

3. AI 모델 학습 : 설계된 AI 모델이 문제를 풀고, 오답을 수정하는 과정을 수천~수만 번 반복하며 정답에 가까워질 수 있도록 학습한다.
4. AI 모델 검증 : 학습에 사용하지 않았던 데이터로 시험을 보며 모델의 성능을 확인한다. 이때, 모델의 성능이 우수하지 않은 경우 학습과정을 수정하거나 재학습을 반복한다. AI 모델을 실제 사용하기 전 반드시 모델을 검증해야한다. 예를 들어 A사에서 AI 기술이 활용된 자율주행 자동차를 개발하였다고 가정해보자. 그런데 학습 과정만 거치고 모델 검증을 하지 않고, 바로 실제 시장에 오픈한다면 어떻게 될까? 안정성에 대한 치명적인 문제점이 발생하게 될 것이다.
5. AI 모델 실제 사용 : 생성된 AI 모델을 사용하고, 실제 사용 과정에서 모델 성능이 저하되는 경우 모델을 수정하거나 재학습한다. 모델 수정 및 재학습 과정은 모델 성능에 따라 여러 번 진행될 수 있다.

AI 기술이 급격히 발전할 수 있었던 이유

앞서 살펴본 바와 같이, AI의 역사는 1950년부터 시작되었다. 그러나 오랜 역사를 지닌 기술임에도 불구하고, AI가 대중에게 실질적인 기술로 인식되기 시작한 것은 최근 몇 년 사이의 일이다.

AI 기술이 이렇게 짧은 시간에 급격히 발전할 수 있었던 주된 이유는 다음과 같다.

1. 빅데이터의 등장 및 활용
2. **클라우드 컴퓨팅**[26]의 발전
3. 컴퓨터 성능의 발전
4. 알고리즘의 진화

▲ AI 기술의 비약적 발전 원인

1. 빅데이터의 등장 및 활용

빅데이터(Big Data)는 크기, 형태, 생성 속도 면에서 기존 방식으로는 처리하기 어려운 방대한 규모의 데이터 집합을 의미한다. 빅데이터를 분석하여 유의미한 정보와 통찰을 얻을 수 있고, 이는 다양한 산업 분야에서 의사결정, 서비스 개선 등에 활용된다.

또한, 빅데이터는 DIKW 피라미드로 설명할 수 있다. DIKW 피라미드는 데이터가 정보, 지식을 거쳐 지혜로 확장되어가는 과정을 시각적으로 표현한 구조다. 다음은 DIKW 피라미드의 구조 및 설명을 나타낸다.

---

[26] **클라우드 컴퓨팅(Cloud Computing)** : 사용자가 물리적인 컴퓨터나 서버를 직접 소유하거나 관리하지 않고, 인터넷을 통해 필요한 IT자원(서버, 저장 공간 등)을 제공받아 사용하는 기술을 말한다.

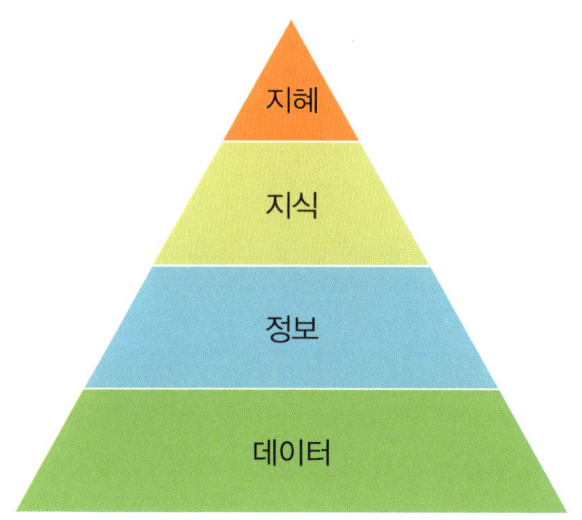

지혜(Wisdom)
지식을 바탕으로 올바른 판단이나 행동을 내리는 능력
예시) 오늘 서울의 날씨 특성상 국민 건강을 위해 오후 외출 자제를 권고
한다.

지식(Knowledge)
여러 정보를 연결하고, 패턴이나 원인 및 결과를 파악한 것
예시) 오늘 서울의 기온 환경에서는 어린이 및 노약자의 온열 질환 위험
이 증가할 것으로 예측된다.

정보(Information)
사용자의 분석으로 데이터 사이의 연관 관계와 의미가 생성된 데이터
예시) 오늘 서울의 기온은 평균 기온보다 5도 높다.

데이터(Data)
단순히 관측된 수치 또는 값
예시) 오늘 서울의 기온은 33도이고, 습도는 70%이다.

▲ DIKW 피라미드

빅데이터는 2000년대 초반, 인터넷과 디지털 기술의 발달로 다양한 형태의 데이터가 폭발적으로 증가하면서 등장하게 되었다. 특히 웹 로그[27], 센서 데이터, 기업 내부 시스템 로그 등 구조화되지 않은 대용량 데이터가 축적되기 시작했고, 기존의 데이터베이스[28] 기술로는 이 데이터를 효율적으로 처리하기 어려운 상황이 발생하였다.

그러던 중 2006년에 구글이 발표한 분산 파일 시스템[29](Google File System, GFS)과 대용량 데이터 처리 모델인 맵리듀스(MapReduce)[30] 기술을 기반으로, 아파치 하둡(Apache Hadoop)이 등장하면서 빅데이터 기술의 확산에 중요한 전환점이 되었다. 하둡(Hadoop)은 데이터를 여러 서버에 분산 저장하고 병렬로 처리할 수 있는 오픈 소스 플랫폼으로, 고비용의 슈퍼컴퓨터 없이도 기업들이 대규모 데이터를 처리할 수 있는 환경을 제공하였다. 이로 인해 빅데이터 분석 기술이 학계뿐 아니라 산업계에서도 본격적으로 주목받기 시작했다.

2010년 이후에는 빅데이터 활용이 더욱 가속화되었다. 무엇보다도

---

[27] **웹 로그(Web Log)** : 웹 서버가 사용자의 요청을 처리하면서 자동으로 기록하는 파일로 웹 사이트 방문자의 접속 정보, 행동 기록, IP주소 등의 데이터를 담는다.
[28] **데이터베이스(DataBase)** : 여러 사람이 공유하여 사용할 목적으로 수집 및 저장되는 데이터의 집합
[29] **분산 파일 시스템(Distributed File System, DFS)** : 여러 서버에 데이터를 나누어 저장하는 시스템으로 빠른 속도로 대용량 데이터 처리가 가능하고, 하드웨어 장애를 대비할 수 있는 특징이 있다.
[30] **맵리듀스(MapReduce)** : 2004년 구글이 발표한 대용량 데이터 처리 모델로 데이터를 병렬로 분산처리하기 위해 설계된 프로그래밍 모델이다. 이름 그대로 맵(Map, 분할 및 처리) 과정과 리듀스(Reduce, 합산 및 결과생성)의 두 단계로 작업을 나누어 수행한다.

Spark, NoSQL, Kafka 등 다양한 오픈 소스 빅데이터 처리 기술이 등장하고 데이터 처리 기술이 안정화되면서, 기업들은 복잡한 데이터를 더 빠르게 처리할 수 있게 되었다.

또한, 스마트폰의 보급 및 SNS의 확산으로 사용자 행동 데이터, 텍스트, 이미지, 동영상 등 비정형 데이터[31]의 양이 급격히 증가했고, 기업들은 이를 활용해 고객 맞춤형 마케팅, 상품 추천, 여론 분석 등의 다양한 분석 활동을 시작했다. 사용자가 이전에 검색하거나 조회했던 물품, 클릭 기록, 장바구니 데이터 등을 분석하여 사용자의 취향과 관심사에 맞는 상품을 자동으로 추천하는 기능이 바로 빅데이터 분석에 대한 서비스 제공 사례라고 할 수 있다.

이러한 기술적 발전과 더불어 2010년대 이후부터 빅데이터는 유통, 금융, 의료, 제조 등 산업 전반에서 본격적으로 활용되기 시작했다. 이로 인해 빅데이터는 단순한 기술을 넘어, 데이터 기반의 의사결정과 전략 수립의 핵심 도구로 자리잡게 되었다.

2. 클라우드 컴퓨팅의 발전

클라우드 컴퓨팅(Cloud Computing)이란 사용자가 자신의 컴퓨터나 서버를 직접 갖추지 않아도 인터넷을 통해 서버, 저장 공간, 소프트웨어, 인공지능 등 IT 자원을 필요할 때마다 빌려서 사용할 수 있는 기

---

[31] **비정형 데이터** : 텍스트, 이미지, 오디오, 비디오 데이터와 같이 미리 정의된 형식이나 구조가 없는 데이터를 말한다.

술을 말한다. 다음은 국내외 기업의 대표적인 클라우드 컴퓨팅 서비스와 그 특징을 나타낸다.

🔍 대표적인 클라우드 컴퓨팅 서비스

기업	서비스명	특징
Amazon	AWS (Amazon Web Services)	세계 1위 클라우드 점유율, 가장 다양한 서비스 보유
Microsoft	애저(Azure)	기업 친화적, 윈도우 및 오피스 제품과 연동
Google	Google Cloud Platform(GCP)	AI/데이터 분석 특화, **빅쿼리**[32] 등 강력한 도구 제공
Naver	Naver Cloud Platform	국내 기업 대상 서비스 최적화, 국내 기술 지원, 한국어 지원
IBM	IBM Cloud	금융/엔터프라이즈 중심, **하이브리드 클라우드**[33] 제공

클라우드 서비스 모델은 이아스(IaaS, Infrastructure as a Service), 파스(PaaS, Platform as a Service), 사스(SaaS, Software as a Service) 3가지로 분류된다.

---

[32] **빅쿼리(BigQuery)**: 대용량 데이터를 SQL(Structured Query Language, 데이터베이스에 저장된 데이터를 조회, 삽입, 수정, 삭제하기 위해 사용되는 표준 프로그래밍 언어)로 빠르게 분석할 수 있는 Google Cloud의 클라우드 기반 분석 도구로서 서버를 직접 관리할 필요 없이 방대한 데이터를 초 단위로 처리할 수 있어 빅데이터 분석에 매우 적합하다.

[33] **하이브리드 클라우드(Hybrid Cloud)**: 자체 서버 시스템(private)과 외부 클라우드 서비스(public)를 조합하여 운영하는 방식으로 기업이 보안성과 확장성을 모두 확보할 수 있는 유연한 클라우드 구조이다.

이아스(IaaS)는 서버, 운영체제(OS), 네트워크 등 IT 인프라를 사용자가 직접 구성하고 관리하는 클라우드 서비스로, 대표적인 예로는 아마존의 Amazon EC2, 마이크로소프트의 Azure Virtual Machines, 구글의 GCE(Google Compute Engine), 네이버의 네이버 클라우드 서버(Naver Cloud Server), IBM의 IBM Cloud Virtual Server 등이 있다.

파스(PaaS)는 애플리케이션 개발에 필요한 플랫폼 환경을 제공하는 서비스로, 개발자는 서버나 인프라를 직접 설정할 필요 없이 코드 작성과 배포에만 집중할 수 있다. 대표적인 PaaS 서비스에는 Google App Engine, Microsoft Azure App Service, Heroku, AWS Elastic Beanstalk 등이 있다.

사스(SaaS)는 이미 완성된 소프트웨어를 클라우드를 통해 그대로 사용하는 방식으로, 대표적인 서비스로는 구글의 코랩(Colab), 지메일(Gmail), Google Docs, 네이버 클라우드의 WORKPLACE, IBM Cloud의 Watson Assistant 등이 있다.

클라우드 컴퓨팅에 대해 조금 더 쉽게 이해해보자. 전기 사용을 예로 들어 설명하자면, 과거에는 회사마다 공장이 직접 발전소를 지어 전기를 생산해야 했다. 이로 인해 초기 비용과 유지비에 대한 부담이 있었다. 하지만 현재는 전력 공급 기관인 한국전력공사를 통해 공급받은 전기를 필요한 만큼만 사용하고 비용을 지불한다.

이처럼 클라우드 컴퓨팅은 전기를 직접 생산하지 않고, 필요할 때마다 콘센트에 꽂아 쓰는 것과 같이 IT 자원을 인터넷을 통해 필요한 만큼 빌려 쓰는 구조라고 이해할 수 있다.

클라우드 컴퓨팅 기술의 발전으로 많은 사람들이 AI 학습에 필요한 대규모 연산 자원을 유연하게 사용할 수 있게 되었고, 이를 통해 누구나 저비용으로 AI 모델을 훈련하고 배포할 수 있게 되었다. 이러한 환경은 AI 기술이 급격하게 발전할 수 있는 중요한 계기가 되었다.

3. 컴퓨터 성능의 발전

AI 기술이 비약적으로 발전할 수 있었던 중요한 배경 중 하나는 컴퓨터 성능, 특히 GPU(그래픽처리장치)와 병렬 연산 기술의 급격한 향상이라고 할 수 있다. 컴퓨터는 사용자의 요청에 맞게 다양한 연산을 처리해야 하는데, 이때 연산을 처리해주는 컴퓨터 기관이 바로 중앙처리장치인 CPU(Central Processing Unit)다. CPU와 GPU는 각각 기판에 여러 개의 코어(Core)[34]가 있다.

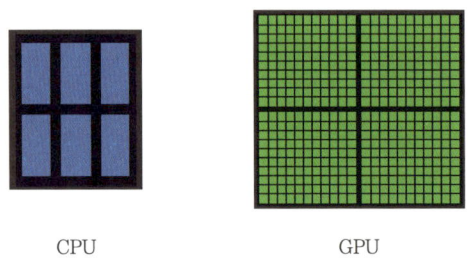

▲ CPU와 GPU의 구조

---

[34] **코어(Core)** : 실제 연산을 수행하는 독립적인 처리 유닛(unit)이다.

❓ CPU와 GPU의 차이

	CPU(Central Processing Unit)	GPU(Graphics Processing Unit)
명칭	중앙 처리 장치	그래픽 처리 장치
주요 역할	일반적인 컴퓨터 작업 처리 (운영체제, 계산 등)	대규모 병렬 연산 처리 (그래픽, AI 연산 등)
코어 수	적음	많음(수백~수천 개)
코어 성능	우수	비교적 낮음
연산 방식	직렬 연산 (Sequential Processing)	병렬 연산 (Parallel Processing)
적합한 작업	복잡한 논리 판단, 순차적 계산	대량의 단순 연산 반복 (행렬곱, 그래픽 렌더링 등)
AI 활용도	낮음(속도가 느림)	높음(AI 학습에 최적화됨)
예시	Intel i9, AMD Ryzen 등	NVIDIA RTX, A100, Tesla 등

AI 기술이 본격적으로 발전하기 이전에는 대부분의 컴퓨터 연산 작업에서 연산량이 많지 않았고, CPU의 개별 코어 성능이 뛰어났기 때문에 일반적인 작업은 CPU만으로 충분히 처리할 수 있었다. 그러나 AI 기술이 급속도로 발전하면서, 방대한 양의 데이터를 빠르고 효율적으로 처리해야 하는 상황이 늘어났다.

이로 인해 높은 성능의 코어 몇 개를 가진 CPU보다, 상대적으로 코어 성능은 낮지만 수천 개의 코어로 대규모 연산을 병렬 처리할 수 있는 GPU의 필요성이 커지게 되었다.

특히 NVIDIA와 같은 기업에서 개발한 고성능 GPU는 TensorFlow,

PyTorch 등과 같은 **딥러닝 프레임워크**[35]와 함께 최적화되면서, AI 모델의 학습 속도와 정확도를 획기적으로 향상시켰다.

CPU와 GPU의 개념을 다시 정리해보자. CPU는 컴퓨터의 일반적인 연산을 처리하는 기본적인 연산 장치이며, GPU는 본래 그래픽 처리를 위해 설계되었지만, 현재는 AI 분석 및 학습과 같은 대규모 병렬 연산 작업에 특화되어 사용되는 장치이다. 이러한 이유로 AI 분석을 위한 연구용 PC에는 고성능 GPU가 필수적으로 장착되며, GPU를 효과적으로 활용하기 위해서는 프레임워크 설정, 드라이버 설치, CUDA 환경 구성 등 별도의 코드 작업 및 사용자 설정이 필요하다.

다음은 출시 연도에 따른 NVIDIA의 GPU 장치 성능을 나타낸 차트이다. x축은 각 GPU 장치의 출시 연도를 나타내고, y축은 테라플롭스(TFLOPS)를 나타낸다. TFLOPS(Tera Floating Point Operations Per Second)는 초당 1조 개의 **부동 소수점 연산**[36]을 수행할 수 있는 능력으로 TFLOPS의 수치가 높을수록 해당 GPU 장치의 데이터 처리 속도가 빠른 것을 의미한다. RTX5090의 경우 TFLOPS가 104.8인데, 이는 1초에 약 104조 8천억 번의 부동소수점 연산을 처리할 수 있다는 것을 의미한다.

---

[35] **딥러닝 프레임워크(Deeplearning Framework)** : 딥러닝 모델을 쉽게 만들고 실행할 수 있도록 지원하는 개발도구 세트를 의미한다.
[36] **부동 소수점 연산(Floating Point Operation)** : 컴퓨터에서 소수점이 있는 숫자를 계산하는 연산을 의미하고, 이는 정수(integer, 소수점이 없는 수)와 달리 훨씬 넓은 범위의 수를 표현할 수 있다.

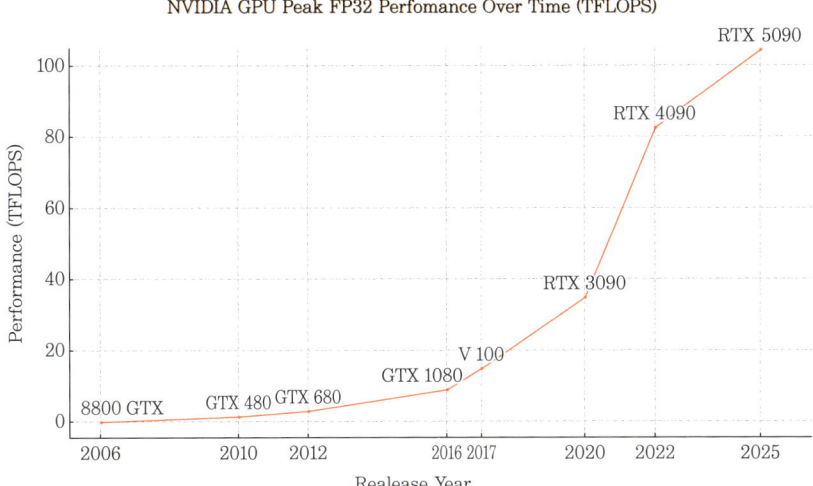

▲ NVIDIA GPU 장치 성능 발전

또한, 최근에는 TPU(Tensor Processing Unit), FPGA(Field Programmable Gate Array), 고성능 클러스터 시스템(HPC: High Performance Computing Cluster) 등 특화된 AI 연산 자원의 도입이 확산되면서, 복잡한 모델도 비교적 짧은 시간 내에 학습이 가능해졌다.

TPU는 Google이 개발한 AI 연산 전용 장치로 딥러닝 연산에 최적화된 하드웨어다. TPU는 AI 훈련과 추론을 빠르게 처리하도록 설계되었고, GPU보다 AI 연구에 특화되어 있다.

FPGA는 사용자가 직접 구성할 수 있는 하드웨어 칩으로 프로그래밍이 가능한 하드웨어라고 할 수 있다. FPGA는 한 번 구성하면 전용

하드웨어처럼 빠르고 효율적으로 작동하는 특징이 있다.

고성능 클러스터 시스템은 수십~수천 개의 컴퓨터를 하나의 대형 슈퍼컴퓨터처럼 연결하여 AI 모델 학습이나 과학 계산 등 대규모 연산을 수행하는 시스템이다. ChatGPT에 사용되는 GPT-4 등과 같은 대규모 AI 모델의 학습은 이런 고성능 클러스터 없이는 사실상 불가능하다고 할 수 있다.

이러한 컴퓨팅 자원의 진화는 AI 연구와 응용 기술이 실용화되고 대중화되는 데 핵심적인 기반이 되었다.

4. 알고리즘의 진화

AI 기술이 비약적으로 발전할 수 있었던 주요 원인 중 하나는 알고리즘(Algorithm)[37]의 진화이다. 초기에는 단순한 규칙 기반 시스템이나 선형 회귀, 결정 트리 등 비교적 단순한 알고리즘이 주로 사용되었으나, 이후 딥러닝(Deep Learning)의 등장과 함께 인공지능의 성능은 획기적으로 향상되었다. 특히 2012년, 이미지넷(ImageNet) 대회에서 AlexNet이 압도적인 성능으로 우승하면서 심층 신경망(Deep Neural Networks)이 주목받기 시작했다.

이후 CNN(Convolutional Neural Network), RNN(Recurrent

---

[37] **알고리즘(Algorithm)** : 어떤 문제를 해결하기 위한 명확하고 순서 있는 절차나 규칙의 집합을 의미한다.

Neural Network), GAN(Generative Adversarial Network), Transformer와 같은 고도화된 구조들이 등장하며, AI 기술은 이미지 인식, 음성 인식, 자연어 처리 등 다양한 분야에서 인간 수준의 성능을 달성하게 되었다.

또한, 자기지도학습(self-supervised learning), 강화학습 (reinforcement learning), 대규모 사전학습(pre-trained models) 등의 개념이 결합되면서, AI는 더 적은 데이터와 연산 자원으로도 효과적으로 학습하고 일반화할 수 있는 능력을 갖추게 되었다.

딥러닝을 비롯한 AI 알고리즘이 급격히 진화할 수 있었던 이유는 연산 자원의 향상과 함께 대규모 데이터의 확보, 이론적 안정성 확보, 개발 도구의 보급, 그리고 산업적 수요가 동시에 폭발했기 때문이다. 특히 2010년대 이후 GPU의 병렬 연산 성능과 TensorFlow, PyTorch 같은 프레임워크의 등장으로 연구자들은 보다 빠르고 쉽게 복잡한 신경망 구조를 실험할 수 있게 되었고, 이는 알고리즘의 발전 속도를 획기적으로 끌어올리는 계기가 되었다.

알고리즘의 발전은 단순한 연산 속도 향상을 넘어서, AI가 데이터에서 중요한 특징을 스스로 찾아내고 판단할 수 있도록 만든 핵심 기술이라고 할 수 있다. 이를 통해 AI는 복잡한 문제도 스스로 해결할 수 있는 수준으로 진화하게 되었다. 이러한 알고리즘의 진화는 하드웨어 성능, 데이터의 축적, 클라우드 인프라의 발전과 함께 오늘날 AI 기술이 실질적으로 활용되고 상용화되는 데 결정적인 기반이 되었다.

알고리즘이 뭐예요?

알고리즘(Algorithm)이 뭐예요?

 알고리즘의 역할

누구나 한 번쯤은 '알고리즘'이란 용어를 들어본 적이 있을 것이다. 그렇다면 이 알고리즘이란 과연 무엇일까?

알고리즘(Algorithm)은 쉽게 말해서 '문제를 해결하는 단계적인 절차'이다. 이는 마치 요리 레시피처럼 어떤 문제를 해결하기 위해 어떤 순서로 무엇을 해야 하는지를 알려주는 지침서와 같은 것이다.

예를 들어 우리가 해결해야 하는 문제가 "라면 끓이기"라고 가정해 보자. 라면 끓이는 과정과 방법을 절차적으로 표현하면 다음과 같다.

이처럼 시각적으로 표현한 도식을 순서도(Flowchart)라고 부른다. 이 순서도는 알고리즘의 문제 해결 과정을 가시적으로 나타낸다.

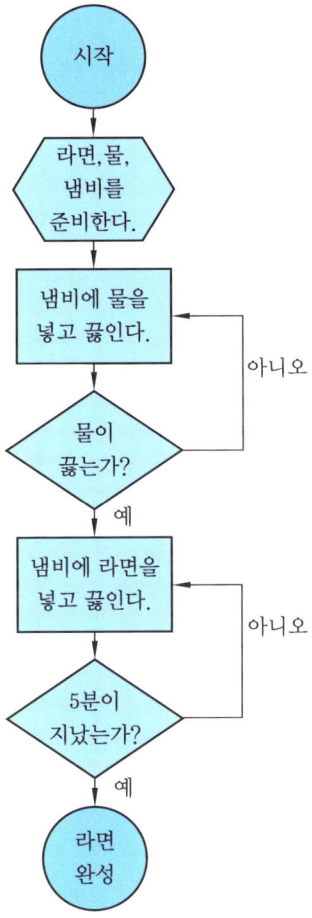

▲ 라면 끓이기 순서도

또 다른 알고리즘의 예를 살펴보자. 자동차를 타고 새로운 목적지로 이동해야 할 때 우리는 내비게이션을 사용한다. 우리가 스마트폰 내비게이션 앱을 켜고 출발지와 목적지를 설정하면 내비게이션은 현재 기준으로 가장 빠른 경로를 알려준다. 이때 내비게이션이 단순히 획일화된 지도를 보여주는 것이 아니라 "현재 가장 빨리 갈 수 있는 경로"를 계산하여 알려주게 하는 것이 알고리즘의 역할인 것이다. 알고리즘은 실시간 교통 상황, 거리, 속도 제한 등을 고려하여 여러 가지 경로 중 가장 최적의 선택을 하게 된다. 도로 상황은 다양한 요인에 의해 지속적으로 변하기 때문에 차량 운행 중에도 경로가 바뀌는 경우가 생기는데, 이 역시 최적의 길찾기 알고리즘에 의한 결과라고 할 수 있다.

이처럼 알고리즘은 복잡해 보이거나 추상적으로 보이는 문제를 명확한 단계와 절차로 정의하여 체계적으로 해결할 수 있게 하는 방법이다. 그리고 이것이 바로 알고리즘의 역할이자 필요성이라고 할 수 있다.

알고리즘이 중요한 이유는 다음과 같다.

- 효율성 향상 : 알고리즘은 복잡한 일을 빠르고 정확하게 처리할 수 있도록 도와준다. 예를 들어 수백만 개의 상품 중에서 내가 원하는 제품을 몇 초 만에 찾아주는 쇼핑몰 검색 시스템도 알고리즘이 있어 가능한 일이다.
- 자동화 : 알고리즘은 사람이 하지 않아도 되는 반복적인 작업을 자동으로 처리해준다. 예를 들어 스팸 메일을 자동으로 걸러주는 기능도 이메일 서비스에 내장된 필터링 알고리즘이 알아서 처리해주는 것이다.
- 의사결정 지원 : 병원에서는 환자의 데이터를 분석해 현재 계획된 처방 방법이 얼마나 효과적인지 평가하는 알고리즘이 사용된

다. 이 알고리즘은 의사의 판단을 보조하여 보다 효율적이고, 정확한 치료가 이루어지도록 돕는다.

우리가 알고리즘을 직접 눈으로 볼 수는 없지만, 인터넷 검색, 동영상 추천, 스마트폰 앱, 교통 정보 등 수많은 일상 속에서 이미 알고리즘의 영향을 받고 있다. 결국, 알고리즘은 복잡한 세상 속에서 우리가 더 빠르고 똑똑하게 선택하고 행동할 수 있도록 도와주는 보이지 않는 조력자라고 할 수 있다.

알고리즘과 성능의 상관관계

알고리즘은 주어진 문제를 해결하는 명확한 절차나 방법을 의미하고, 성능은 이 알고리즘이 얼마나 빠르고 효율적으로 작동하는지를 측정하는 지표다. 즉, 어떤 알고리즘을 선택하는지에 따라 프로그램의 전체적인 성능에 직접적인 영향을 미치게 된다.

1. 시간 복잡도와 성능

알고리즘 성능을 평가할 때 가장 일반적으로 사용되는 지표가 시간 복잡도(Time Complexity)다. 이는 입력 크기(n)가 증가함에 따라 알고리즘이 필요로 하는 연산 횟수 또는 수행 시간이 어떻게 증가하는지를 나타낸다.

 예를 들어 정렬 알고리즘 중 버블 정렬은 시간 복잡도가 $O(n^2)$인 반면, 퀵 정렬은 평균 $O(n \log n)$이다. 여기에서 O는 빅오 표기법(Big-O Notation)으로 알고리즘의 시간 복잡도 또는 공간 복잡도를 나타내는 표기법이다. 같은 입력 데이터를 처리해도 버블 정렬은 느리고, 퀵 정렬은 빠르다. 이처럼 알고리즘의 시간 복잡도는 시스템의 반응 속도, 처리량 등에 직접적인 영향을 준다.

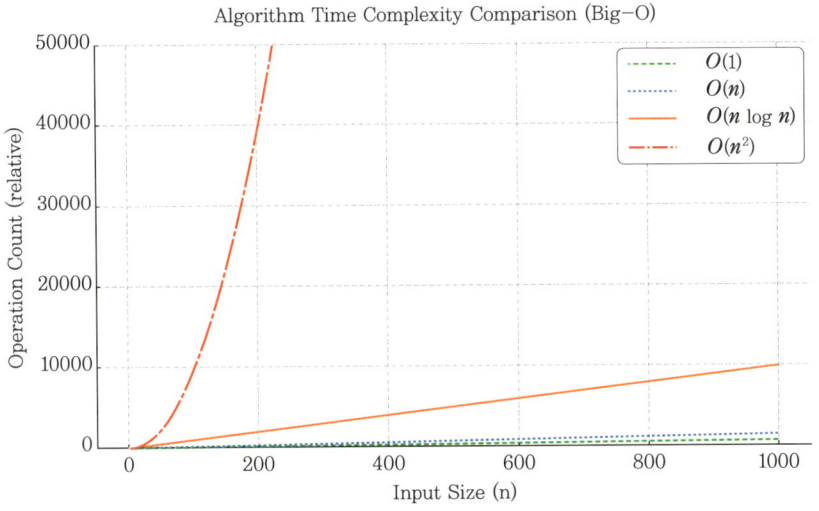

▲ 시간의 복잡도에 따른 알고리즘 성능 비교

 위의 차트에서 x축은 입력 데이터의 크기(Input Size(n))를 나타내고, y축은 알고리즘의 성능 차이를 시간 소요량(연산 횟수, Operation Count)을 기준으로 표현한 것이다. 즉, 그래프에서 y축

값이 급격하게 상승한다는 것은 해당 알고리즘에서 입력 데이터가 많아질수록 매우 많은 연산을 요구한다는 뜻이고, 이는 연산 속도가 느리고 성능이 나쁘다는 것을 의미한다.

$O(1)$(빅오 원)은 가장 빠른 알고리즘으로 입력 데이터의 크기와 관계없이 일정한 성능을 유지한다. $O(n)$(빅오 엔)은 실무적으로 자주 쓰이는 평균 처리 수준으로 입력 데이터의 크기가 커질수록 선형적으로 데이터 처리 시간이 증가한다. $O(n \log n)$(빅오 엔 로그 엔)은 비교적 효율적인 성능을 가진 알고리즘으로 퀵 정렬과 병합 정렬이 여기에 속한다. $O(n^2)$(빅오 엔 제곱)은 버블 정렬, 선택 정렬 등 입력이 조금만 커져도 처리 시간이 급격히 증가하는 알고리즘이다.

버블 정렬과 퀵 정렬을 조금 더 자세히 살펴보자. 버블 정렬($O(n^2)$)의 경우 그래프에서 y축이 곡선을 그리며 가파르게 올라가는 모습을 보인다. 이는 입력 데이터가 조금만 늘어나도 연산량과 연산 처리 시간이 빠르게 증가하는 것을 의미한다. 퀵 정렬($O(n \log n)$)의 경우 그래프에서 y축이 완만하게 증가하는 모습을 보인다. 이는 입력 데이터가 커져도 처리 시간 증가 속도가 완만하기 때문에 효율적인 알고리즘으로 분류된다.

2. 공간 복잡도와 자원 활용

알고리즘의 성능은 시간뿐만 아니라 메모리 사용량인 공간 복잡도(Space Complexity)와도 관련이 깊다. 일부 알고리즘은 연산 처리 속도가 빠르지만 많은 메모리를 사용하고, 또 다른 알고리즘은 메모리를 적게 사용하지만, 연산 처리 속도가 느릴 수 있기 때문이다. 예를 들어 동적 프로그래밍[1] 알고리즘은 중복 계산을 피하기 위해 중간 결과를 저장하는데, 이는 성능을 높이는 대신 더 많은 메모리를 소비한다. 따라서 알고리즘을 선택할 때는 시스템 자원의 제약 조건을 함께 고려해야 한다.

예를 들어 스마트워치를 사용하는 사용자가 수천 명 있다고 가정해 보자. 이 기기들은 매 초마다 심박수, 걸음 수, 칼로리 소모량 등 다양한 센서 데이터를 실시간으로 수집한다. 만약 이 데이터를 처리하는 알고리즘이 수집된 데이터를 모두 메모리에 저장해놓고 한꺼번에 분석하려고 한다면, 사용자 수가 많아질수록 메모리 사용량은 기하급수적으로 늘어나게 된다.

특히 스마트워치처럼 메모리와 배터리 자원이 제한된 환경에서는 메모리를 비효율적으로 사용하는 알고리즘은 앱의 속도 저하, 배터리

---

[1] **동적 프로그래밍(Dynamic Programming, DP)** : 복잡한 문제를 작은 하위 문제로 나누어 푼 다음 그 결과를 재사용하여 전체 문제를 효율적으로 해결하는 알고리즘 기법이다. 즉, 중복되는 하위 문제를 저장하고, 이를 다시 계산하지 않도록 최적화하는 방법이다.

과부하, 앱 충돌 같은 문제를 유발할 수 있다. 반대로, 센서 데이터를 필요한 값만 추려서 실시간으로 계산하거나, 슬라이딩 윈도우[2] 방식으로 처리하면 메모리를 훨씬 적게 쓰면서도 정확한 분석이 가능하다. 이처럼 공간 복잡도를 고려한 알고리즘은 자원이 제한된 환경에서 시스템의 안정성과 지속 가능성을 보장하는 핵심 요소다.

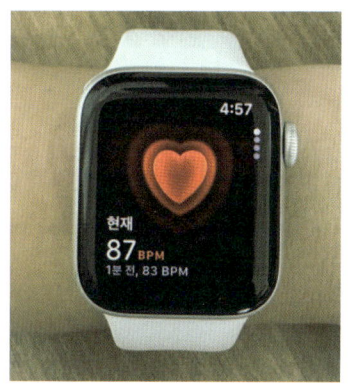

▲ 스마트워치를 통한 심박수 측정 예시

---

[2] 슬라이딩 윈도우(Sliding Window) : "움직이는 창문"처럼 한 번에 일정한 구간의 일부 데이터만 보고, 이 구간을 조금씩 옆으로 밀면서 효율적으로 데이터를 처리하는 방식이다. 예를 들어 스마트워치에서 사용자의 심박수 최근 10초 평균을 계속해서 계산하고자 하는 경우 모든 심박수 데이터를 저장하는 것이 아니라 최근 10초 동안의 데이터만 저장하면서 그 구간의 평균을 계산하고, 새로운 데이터가 입력되면 가장 오래된 데이터를 삭제하는 식으로 데이터를 처리하는 방식이다.

3. 데이터 특성과 알고리즘의 상호작용

특정 알고리즘이 항상 최선의 방법이라고 할 수는 없다. 알고리즘의 성능은 문제의 특성과 입력 데이터의 구조에 따라 달라진다. 예를 들어 이미 정렬된 데이터를 처리할 경우 삽입 정렬은 매우 빠르지만, 무작위 데이터에는 병합 정렬이나 힙 정렬이 더욱 효율적이다. 즉, 데이터의 패턴과 알고리즘의 특성이 맞아야 최적의 성능을 낼 수 있다.

삽입 정렬(Insertion Sort)은 배열[3]의 각 요소를 적절한 위치에 하나씩 삽입하며 정렬하는 방식으로 소규모 데이터나 정렬이 거의 끝난 데이터에 빠르고 직관적인 알고리즘이다. 다음은 삽입 정렬(오름차순)의 예시를 나타낸다.

기존에 정렬된 배열 : [10, 20, 30, 40, 50]

1단계 : [10, 20, 30, 40, 50, **35**] → 새로운 값 35 추가
2단계 : [10, 20, 30, 40, **35**, 50] → 35는 50보다 작으므로 왼쪽으로 이동
3단계 : [10, 20, 30, **35**, 40, 50] → 35는 40보다 작으므로 왼쪽으로 이동
4단계 : [10, 20, 30, **35**, 40, 50] → 35는 30보다 크고 40보다 작으므로 해당 위치에 정렬

새롭게 정렬된 배열 : [10, 20, 30, 35, 40, 50]

▲ 삽입 정렬(오름차순)의 예시

---

[3] **배열(Array)** : 같은 타입의 데이터를 연속된 메모리 공간에 저장한 자료 구조이다. 마치 기차의 칸마다 동일한 물건이 차례대로 실려 있는 것처럼, 배열은 각 데이터를 인덱스로 구분하며 빠르게 접근할 수 있다.

병합 정렬(Merge Sort)은 분할 정복(Divide and Conquer) 방식[4]을 사용하는 정렬 알고리즘으로 리스트를 계속 반으로 쪼갠 후 정렬된 상태로 병합하여 정렬하는 방법이다. 다음은 병합 정렬의 과정을 나타낸다.

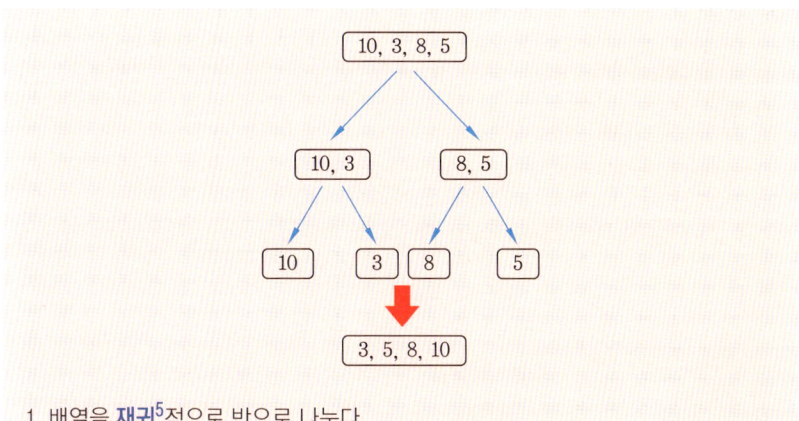

1. 배열을 재귀[5]적으로 반으로 나눈다.
2. 쪼개진 각 배열에 1개의 원소만 남을 때까지 계속 나눈다.
3. 나눠진 배열들을 정렬하면서 합친다.

▲ 병합 정렬의 예시

힙 정렬(Heap Sort)은 힙(Heap) 자료 구조를 이용해 정렬하는 방식으로 최댓값(또는 최솟값)을 빠르게 꺼낼 수 있는 힙의 특성을 이용한 정렬 방식이다.

---

[4] 분할 정복(Divide and Conquer) 방식 : 문제 해결 전략 중 하나로 큰 문제를 작고 단순한 문제로 나눈 뒤, 각각을 해결하고 다시 합쳐서 전체 문제를 해결하는 방법이다. 쉽게 말해서 문제를 쪼개고(분할), 각각 해결하고(정복), 다시 합치는(병합) 방식이다.

[5] 재귀(Recursion) : 어떤 함수가 자기 자신을 반복해서 호출하는 것을 말한다.

힙(Heap)은 최대 힙(Max Heap)과 최소 힙(Min Heap)으로 나뉘며, 항상 부모 노드가 자식 노드보다 크거나 작도록 유지되는 이진트리 구조이다. 이 조건 덕분에 최댓값 또는 최솟값을 매우 빠르게 찾을 수 있다.

최대 힙(Max Heap)은 부모 노드가 자식 노드 보다 크거나 같은 구조로 루트[6]에 항상 최댓값이 위치한다. 최소 힙(Min Heap)은 부모 노드가 자식 노드보다 작거나 같은 구조로 루트에 항상 최솟값이 위치한다. 다음은 최대 힙(Max Heap)과 최소 힙(Min Heap) 구조의 예시를 나타낸다.

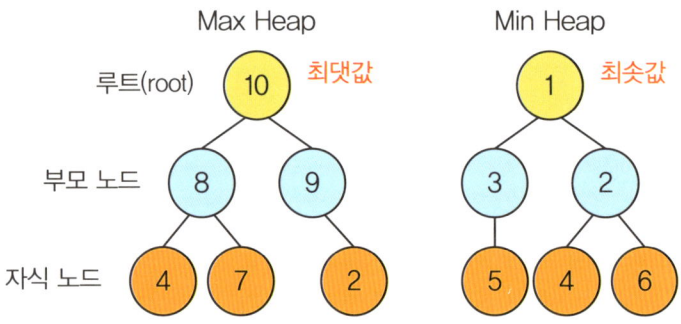

▲ 최대 힙(Max Heap)과 최소 힙(Min Heap) 구조의 예시

이진 트리(Binary Tree)는 일반 트리 구조와 다르게 각 노드가 자식 노드를 최대 2개까지만 가질 수 있는 구조이다. 다음은 이진 트리 구조를 나타낸다.

---

[6] **루트(Root)** : 트리 구조에서 가장 위에 있는 노드로 부모 노드가 없는 최상위 노드를 말한다.

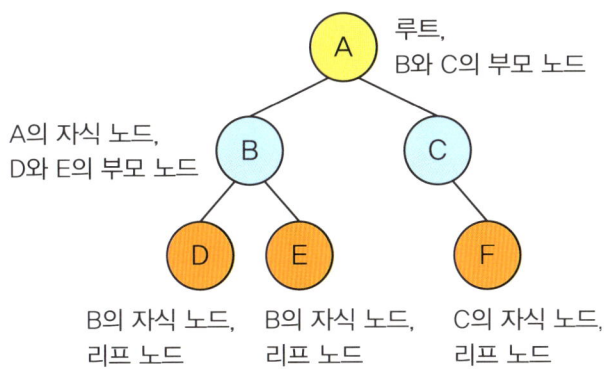

▲ 이진 트리 구조

🔍 이진 트리 용어 설명

명칭	설명
노드(Node)	• 데이터를 저장하는 단위로 다른 노드들과 연결되어 구조적인 관계를 형성하는 구성 요소 • 트리에서 각 원(점) 하나가 노드를 의미함
루트(Root)	• 트리 구조에서 가장 위에 있는 노드로 부모 노드가 없는 최상위 노드를 의미함
부모 노드 (Parent Node)	• 트리 구조에서 직접 연결된 자식 노드를 갖는 노드 • 자식 노드보다 상위 계층에 있으며, 하나 이상의 자식 노드와 연결된 노드를 의미함
자식 노드 (Child Node)	• 트리 구조에서 어떤 부모 노드에 의해 직접 연결된 하위 노드 • 부모 노드의 아래에 위치하며, 계층적으로 하위에 있는 노드를 의미함
리프 노드 (Leaf Node)	• 트리 구조에서 자식 노드가 없는 노드로 가장 아래에 위치한 끝 노드를 의미함

그림에서 보는 것과 같이 이진 트리 구조에서 각 노드의 명칭(루트, 부모, 자식, 리프 등)은 절대적인 것이 아니며, 어떤 노드를 기준으로 바라보느냐에 따라 그 관계와 명칭이 달라질 수 있다.

4. 대규모 시스템에서의 영향

실제 산업환경에서는 수십만, 수백만 건의 데이터를 실시간으로 처리해야 하는 경우가 많다. 이럴 때 비효율적인 알고리즘을 사용하게 되면 서버 과부하, 응답 지연, 비용 증가로 이어질 수 있다. 반면, 최적화된 알고리즘은 같은 하드웨어 조건에서도 더 많은 데이터를 빠르고 안정적으로 처리할 수 있게 해준다.

예를 들어, 특가 세일 기간에 한 온라인 쇼핑몰에서 수십만 명의 사용자가 동시에 상품을 검색하거나 장바구니에 담고 결제를 시도하는 상황을 생각해보자. 이처럼 대규모 트래픽[7]이 몰리는 환경에서는 서버가 사용자의 요청을 얼마나 빠르게 처리하느냐가 서비스 품질에 결정적인 영향을 준다. 만약 이 쇼핑몰의 검색 기능이나 추천 시스템이 비효율적인 알고리즘으로 구현되어 있다면, 사용자가 입력한 검색어나 클릭한 항목을 처리하는 데 시간이 오래 걸리고, 서버는 과도한 연산 요청으로 속도 저하 또는 일시적인 접속 장애까지 겪을 수 있다.

---

[7] **트래픽(Traffic)** : 인터넷 또는 네트워크를 통해 오고 가는 데이터의 양 또는 흐름을 말한다. 쉽게 말해서 웹 사이트나 서버에 얼마나 많은 사용자 요청(Request)과 데이터가 오고 가는지를 측정하는 개념이다.

반대로, 효율적으로 최적화된 알고리즘을 적용하면 같은 서버 성능으로도 훨씬 더 많은 요청을 빠르게 처리할 수 있어, 페이지 로딩 속도는 물론, 추천 반응 시간, 결제 처리 시간까지 단축된다.

  이처럼 대규모 시스템에서는 알고리즘 하나의 효율성 여부가 전체 서비스의 안정성과 품질에 직접적인 영향을 미치며, 궁극적으로는 운영 비용 절감과 사용자 만족도 향상이라는 실질적인 성과로 이어진다.

5. 알고리즘 최적화는 전체 시스템의 최적화

  알고리즘 하나만 개선해도 전체 시스템의 성능이 획기적으로 좋아질 수 있다. 예를 들어 검색 엔진에서 텍스트 검색 알고리즘을 개선하면 검색 속도가 빨라지고, 사용자 경험이 향상되며, 서버 비용도 절감된다. 이런 이유로 대기업이나 연구소에서는 효율적인 알고리즘 설계와 튜닝(Tuning)[8]에 많은 자원과 시간을 투자한다.

  예를 들어 어떤 기업에서 고객 맞춤형 추천 서비스를 운영하고 있다고 가정해보자. 고객 맞춤형 추천 서비스는 사용자가 사이트에 접속하면, 이전 구매 이력과 검색 기록을 바탕으로 맞춤 상품을 추천해주는 시스템이다. 이때 추천 알고리즘이 단순히 전체 상품을 무작위로 비교하면서 점수를 매기는 방식이라면, 데이터 처리 시간이 오래 걸리고 CPU 사용량이 많아져 전체 서버 응답 속도까지 떨어질 수 있다. 그런

---

8 **튜닝(Tuning)** : 이미 만들어진 알고리즘의 성능을 개선하거나 특정 상황에 더 잘 맞게 조정하는 작업이다.

데 이 추천 알고리즘을 **행렬 분해 기반 협업 필터링**[9] 방식으로 바꾸거나, 딥러닝 모델을 경량화하여 적용하면, 계산량은 줄고 예측 정확도는 높아진다.

이렇게 알고리즘 하나를 바꾸었을 뿐인데 전체 추천 서비스의 속도, 사용자 만족도, 서버 비용, 데이터베이스 부하 등이 함께 최적화된다. 다시 말해, 하나의 알고리즘 최적화가 전체 시스템의 다양한 부분에 긍정적인 영향을 연쇄적으로 미치는 것이다.

이와 같이 알고리즘은 단순히 문제를 해결하는 수단이 아니라 시스템의 속도, 효율, 자원 활용을 결정짓는 핵심 요소다. 성능을 고려하지 않은 알고리즘은 실무에서 쓸 수 없기 때문에 효율적인 알고리즘의 설계는 기술 경쟁력의 핵심 요소라고 할 수 있다.

유튜브의 성공 비결! 추천 및 검색 알고리즘

유튜브가 전 세계에서 가장 영향력 있는 동영상 플랫폼으로 성장할 수 있었던 핵심 요인 중 하나는 바로 추천 및 검색 알고리즘의 진화와 최적화라고 할 수 있다. 검색 알고리즘(Search Algorithm)은 특정한

---

[9] **행렬 분해 기반 협업 필터링**(Matrix Factorization for Collaborative Filtering) : 비슷한 취향을 가진 사용자들의 과거 행동 데이터를 수학적으로 분석하여 추천 대상 사용자에게 새로운 항목을 예측하고 추천하는 방식이다.

조건에 맞는 데이터를 전체 데이터 중에서 빠르게 찾아내기 위한 절차 혹은 방법을 말한다. 수십억 개에 달하는 동영상이 업로드되어 있는 유튜브에서는 사용자가 원하는 영상을 정확하고 빠르게 찾아주는 검색 기능이 무엇보다 중요하다. 하지만 유튜브는 단순히 영상 제목이나 설명에 포함된 키워드를 기반으로 검색 결과를 보여주는 것이 아니라, 사용자의 시청 이력, 관심사, 시청 시간, 클릭 패턴 등을 복합적으로 분석하여 사용자가 좋아할 만한 영상을 사전에 예측하고 추천하는 시스템을 갖추고 있다. 이를 위해 유튜브는 행동 기반 협업 필터링, 딥러닝 기반 추천 모델, 그리고 실시간 피드백 루프를 적극적으로 활용해왔다.

행동 기반 협업 필터링(Behavior-based Collaborative Filtering)은 사용자들의 클릭, 시청, 좋아요 등의 행동 이력 데이터를 분석하여 유사한 행동 패턴을 가진 사용자 그룹을 기반으로 콘텐츠를 추천하는 방식이다.

딥러닝 기반 추천 모델은 사용자의 행동 데이터를 학습하여 가장 흥미로울 만한 영상을 추출하여 정렬해주는 AI 시스템이다. 유튜브의 딥러닝 기반 추천 모델은 후보군을 생성하여 사용자의 취향과 패턴을 학습하고, 후보군 영상에 대해 순위를 매기면서 가장 적합한 영상 순으로 정렬을 하는 식으로 작동한다.

실시간 피드백 루프(Real-time Feedback Loop)란 사용자의 행동이나 입력에 시스템이 즉시 반응하고, 그 반응 결과가 다시 다음 행동에 영향을 주는 순환구조를 말한다. 즉, 시스템 상에서 "행동 → 반응 → 그 반응을 보고 다시 행동"의 과정이 끊임없이 반복되는 것이다. 예를 들면 유튜브에서 사용자가 어떤 영상을 클릭한 경우 유튜브는 그 클릭을 즉시 반영하여 비슷한 영상을 사용자에게 추천해준다. 그 이후 사용자는 새롭게 추천된 그 추천 영상 목록을 보고 추천된 영상을 클릭하는 식으로 반응이 이어지게 되는 것이다.

유튜브의 추천 알고리즘은 콘텐츠의 성과를 판단하기 위해 다양한 핵심 지표를 활용한다. 다음은 유튜브 알고리즘과 관련된 핵심 지표를 나타낸다. 이 지표들은 유튜브 알고리즘이 특정 콘텐츠를 또 다른 사용자에게 추천할지, 또는 제외할지를 판단하는 중요한 기준이 된다.

🔍 유튜브 알고리즘과 관련된 핵심 지표

분류	항목	설명
기본 지표	노출 수 (Impressions)	콘텐츠 **썸네일**[10]이 사용자의 유튜브 화면에 나타난 횟수
	클릭 수(Clicks)	사용자가 해당 썸네일을 실제로 클릭한 횟수
	유효 클릭 수 (Valid Clicks)	사용자가 해당 영상을 클릭한 이후 영상 시청, 구독, 좋아요 등 실질적이고 유효한 반응으로 이어진 횟수
파생 지표	클릭률(CTR) (Click Through Rate)	얼마나 많은 사람들이 해당 콘텐츠를 보고 클릭했는지를 의미함(클릭 수 ÷ 노출 수)
	전환률 (Conversion Rate)	콘텐츠를 클릭한 사용자 중에 얼마나 실제로 시청했는지를 의미함(**전환**[11] 수 ÷ 클릭 수)

---

[10] **썸네일(Thumbnail)** : 동영상이나 콘텐츠를 대표하는 미리보기 이미지를 의미한다.
[11] **전환(Conversion)** : 설계자가 목표한 행동이 실제로 일어난 것

유튜브 알고리즘은 단순히 콘텐츠의 노출 수만을 중요하게 여기지 않는다. 콘텐츠가 노출되었을 때, 사용자가 실제로 얼마나 반응했는지가 알고리즘의 추천 적합도를 판단하는 핵심 기준으로 작용한다. 따라서 클릭률(CTR)이 높을수록 해당 콘텐츠는 더 많은 사용자에게 추천되며, 전환률이 높을수록 더 넓은 사용자층으로의 확산 가능성이 커진다. 즉, "노출 수, 클릭 수, 유효 클릭 수"는 유튜브 알고리즘의 기본 작동 흐름이고, "CTR, 전환률"은 이 흐름이 얼마나 효과적인지 측정하는 핵심 보조 지표가 되는 것이다.

예를 들어, 사용자가 '게임 리뷰'를 자주 시청하고, 영상의 대부분을 끝까지 시청한 경우, 유튜브는 해당 사용자가 게임 리뷰 콘텐츠에 관심이 높다고 판단하고, 검색 결과나 추천 영상에서 비슷한 콘텐츠를 상위에 노출시킨다. 이런 방식은 단순한 텍스트 매칭을 넘어서, "사용자가 실제로 좋아할 확률이 높은 영상"을 먼저 보여주는 알고리즘으로 진화한 것이다.

이처럼 유튜브의 검색 알고리즘은 사용자에게 개인화된 경험을 제공하면서도, 플랫폼 자체의 콘텐츠 소비량과 체류 시간[12]을 극대화하는 데 성공했고, 그 결과 유튜브는 단순한 영상 저장소를 넘어 전 세계가 가장 오래 머무는 플랫폼으로 자리매김하게 되었다. 결국 유튜브의 성공 비결은 단순한 영상 제공이 아니라, "무엇을 어떻게 보여줄지"를

---

[12] **체류 시간(Dwell Time / Retention Time)** : 메인 페이지, 추천 탐색, 댓글 읽기 등 사용자가 유튜브라는 플랫폼에 머물러 있는 전체 시간을 의미한다. 이는 유튜브에서 사용자가 하나의 영상을 시청하는 시청 시간(Watch Time)과 구별되는 개념이다.

결정하는 알고리즘 설계에 있었다고 해도 과언이 아니다.

유튜브 서비스를 이용해본 이용자라면 한 번쯤 "알고리즘을 탔다."라는 표현을 들어본 적이 있을 것이다. 이 말은 유튜브 알고리즘이 특정 콘텐츠를 여러 사용자에게 반복적으로 추천하면서, 해당 영상의 조회수와 구독자 수가 급격하게 증가하는 현상을 말한다.

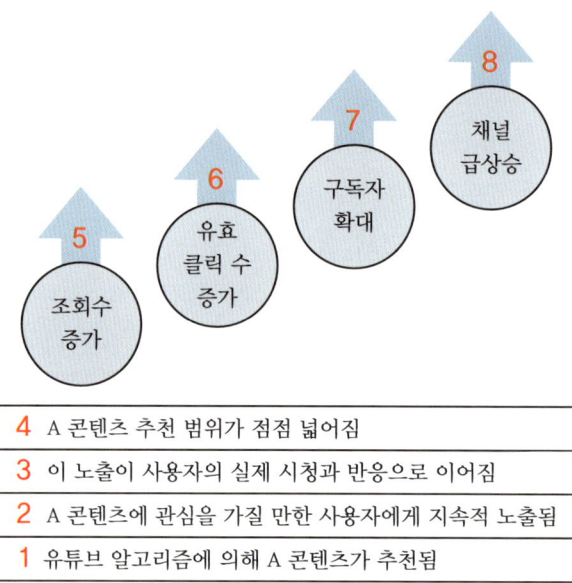

▲ 유튜브 알고리즘을 타는 단계

쉽게 말해, 영상이 유튜브 알고리즘에 의해 추천되기 시작하면서, 콘텐츠에 관심을 가질 만한 사용자들에게 지속적으로 노출되었고, 이러한 노출이 사용자의 실제 시청과 반응으로 이어지면서 추천 범위가 점점 넓어지게 된 것이다.

이처럼 유사한 취향을 가진 사용자들의 반응 데이터가 누적되면, 알고리즘은 해당 콘텐츠를 더욱 다양한 사용자에게 추천하게 되고, 이는 '조회수 증가 → 유효 클릭 수 증가 → 구독자 확대 → 채널 급상승'으로 이어지게 되는 것이다. 이것이 바로 "유튜브 알고리즘을 타는" 단계라고 할 수 있다.

🤖 수포자(수학 포기자)도 할 수 있는 알고리즘 활용방법

'알고리즘'이라는 말을 들으면 왠지 복잡한 수학 공식이나 코딩 실력이 필요할 것처럼 느껴질 수 있다. 특히 수학이 어렵고 낯설게 느껴졌던 사람들, 일명 '수포자(수학을 포기한 사람)'에게는 더욱 그러할 것이다. 하지만 알고 보면 알고리즘은 수학을 잘하지 않아도 충분히 이해하고 활용할 수 있는 개념이다.

알고리즘은 간단히 말해 문제를 해결하기 위한 절차나 순서다. 우리가 일상에서 자주 하는 행동들, 예를 들어 지하철 환승하기, 쇼핑 목록 정리하기 등과 같은 일들도 사실 모두 알고리즘적인 사고로 이루어진다. '무엇을 먼저 하고, 어떤 조건에서 다음 단계로 넘어갈지를 정하는 것', 이것이 바로 알고리즘이기 때문이다.

▲ 과연 알고리즘은 어렵기만 한 것일까?

예를 들어, 아침에 등교나 출근 준비를 할 때를 떠올려보자. 알람이 울리면 일어나고, 세수하고, 옷을 입고, 밥을 먹고, 집을 나선다. 이 모든 것이 순서대로 정해져 있고, 중간에 조건에 따라 선택도 이루어진다. 비가 오면 우산을 챙기고, 시간이 없으면 아침을 생략하기도 한다. 이러한 일상의 판단과 흐름 자체가 알고리즘이다.

생각해보면 우리는 이미 일상 속에서 알고리즘을 자주 활용하고 있다. 예를 들어 유튜브를 사용할 때, 가끔 추천된 영상에 대해 '마음에 드는지 여부'를 묻는 경우가 있다. 이때 사용자가 '좋아요', '관심 없음' 등의 의견을 선택하는 행위 자체가 바로 유튜브의 추천 알고리즘에 피드백을 제공하는 것이라 할 수 있다. 또한, ChatGPT처럼 인공지능 기반의 응답 시스템에서도 마찬가지다. 같은 질문에 대해 여러 개의 답변이 제공될 경우, 사용자가 그중에서 가장 적절한 답변을 선택하거나 평가하는 행동 역시 알고리즘의 작동 방식에 영향을 주는 하나의 참여 방식이다. 이처럼 사용자의 선택과 피드백은 알고리즘에게 '무엇이 더 좋은 정보인지'를 학습시켜 주며, 결과적으로 유튜브나 ChatGPT와 같은 정보 제공 서비스는 점점 더 사용자 개인에게 최적화된 콘텐츠와 답변을 제공할 수 있게 된다.

그렇다면 유튜브나 ChatGPT처럼 시스템에 자동으로 내장된 형태가 아닌, 사용자가 일상 속에서 직접 활용해볼 수 있는 알고리즘 활용 사례에는 무엇이 있는지 구체적인 예시를 통해 살펴보자.

1. 언플러그드 코딩 방법

'언플러그드 코딩(Unplugged Coding)'이란 말 그대로 '플러그(plug)를 꼽지 않은 코딩'으로 컴퓨터나 전자 기기를 사용하지 않고 종이, 카드, 사람의 움직임, 보드게임 등 아날로그 방식으로 코딩 개념을 배우는 활동을 말한다.

▲ 언플러그드(unplugged) 모습

누구나 할 수 있는 언플러그드 코딩 방법에는 순서도(Flowchart) 그리기, To-Do 리스트 정리, If-Then(조건-결과) 정리가 있다.

순서도(Flowchart)는 어떤 작업이나 절차의 흐름을 그림으로 표현한 것이고, To-Do 리스트는 해야 할 일을 목록으로 정리한 것을 나타낸다. If-Then(조건-결과) 구조는 '만약 A라면 B를 한다.'와 같은 조건문 형식이다.

순서도(Flowchart) 그리기를 통하면 복잡하게 느껴지는 일이나 과제를 그림처럼 단계별로 그려보면서 생각이 정리되고 효율적으로 해결책을 찾을 수 있다. 또한, To-Do 리스트를 순서대로 정리하거나, 업무 절차를 If-Then(조건-결과) 형태로 정리해보는 것 또한 일종의 알고리즘 활용이다.

다음은 언플러그드 코딩 방법의 활용 예시를 나타낸다.

1. 순서도(Flowchart) 그리기 (**흐름**)
   - 예시 : 닭볶음탕 만들기
   - 학습 개념 : 알고리즘의 단계적 흐름, **조건 분기**[12], 반복 구조
2. To-Do 리스트 작성 (**절차** 정리)
   - 예시 : 하루 일과 시간순으로 정리, 청소하기 위한 단계 리스트 만들기
   - 학습 개념 : 정렬된 명령의 실행 순서, 우선순위, **분해된 문제 해결**[13]
3. If-Then 문장 정리 (조건 기반 **판단**)
   - 예시 : 비가 오면 우산을 챙긴다. / 아니면 그냥 나간다.
            배가 고프면 밥을 먹는다. / 아니면 숙제를 한다.
   - 학습 개념 : 조건문(If-Then 구조), 분기 판단, 논리 연산

▲ 언플러그드 코딩 방법의 활용 예시

언플러그드 코딩은 컴퓨터 없이도 코딩 개념을 익히는 활동이기 때문에, 위와 같은 '논리적 순서', '조건 판단', '문제 해결 흐름'을 다루는 모든 활동이 여기에 포함된다.

2. 플러그드 코딩 방법

플러그드 코딩(Plugged Coding)은 '플러그(plug)를 꼽은 코딩'으로 실제 컴퓨터, 태블릿, 스마트 기기 등 전자 기기를 활용해 코딩을 학습하는 방식이다.

▲ 플러그드(plugged) 모습

---

13 **조건 분기(Conditional Branching)** : 어떤 조건에 따라 서로 다른 경로로 흐름이 나뉘는 것을 말한다.

14 **분해된 문제 해결** : 큰 문제를 작고 단순한 하위 문제로 나누어 각각 해결한 뒤, 전체 문제를 푸는 방법이다.

플러그드 코딩 방법에는 텍스트 코딩과 블록 코딩이 있다. 텍스트 코딩(Text Coding)은 Python, JAVA, C# 등과 같은 프로그래밍 언어를 활용한 코딩 방법으로 해당 언어에 대한 사전학습이 필요하고, 개발 환경을 설정해야 한다.

사람에게 말이나 글 같은 소통의 언어가 있듯, 컴퓨터에게도 기능을 구현하기 위한 '프로그래밍 언어'가 존재한다. 프로그래밍 언어 또한 '언어'이기 때문에 다양한 언어가 있고, 각 언어별로 고유의 문법을 갖고 있다. 티오베 지수(TIOBE Index)와 Stack Overflow Developer Survey를 통해 프로그래밍 언어의 인기 순위를 확인할 수 있다.

티오베 지수는 검색 엔진(구글, 빙, 위키 등)에서 해당 프로그래밍 언어가 언급된 횟수를 기준으로 인기도를 계산하고, 학계·산업계 전반에서의 인지도를 확인할 수 있다.

Stack Overflow Developer Survey는 매년 전 세계의 개발자들이 직접 참여하는 설문 조사를 기반으로 실제 개발자들이 자주 사용하는 언어, 배우고 싶은 언어, 기피하는 언어 등에 대한 결과를 나타낸다. Stack Overflow 커뮤니티 자체가 개발자들의 지식 공유 사이트이기 때문에 실제 개발 현장에서 많이 쓰이는 언어에 대해서 확인할 수 있다.

TIOBE Index는 매월 새롭게 업데이트된다. 2025년 5월 기준 TIOBE Index 상위 10개 언어는 다음과 같다.

🔍 2025년 5월 기준 TIOBE Index 상위 10개 언어[15]

순위	프로그래밍 언어	비율
1	Python	25.35%
2	C++	9.94%
3	C	9.71%
4	Java	9.31%
5	C#	4.22%
6	JavaScript	3.68%
7	Go	2.70%
8	Visual Basic	2.62%
9	Delphi/Object Pascal	2.29%
10	SQL	1.90%

Stack Overflow Developer Survey에서는 실제 개발 실무진이 사용하는 언어와 선호도를 확인할 수 있다.

다음은 개발자의 경력과 사용 언어에 따른 연봉을 나타낸다. 차트의 x축은 해당 언어를 사용하는 개발자들의 평균 경력 연수를 나타내고, y축은 해당 언어를 사용한 개발자들 연봉의 **중위값**(Median)[16]을 나타낸다.

---

[15] 출처: TIOBE Index, https://www.tiobe.com/tiobe-index/
[16] **중위값**(Median, 중위수) : 전체 데이터를 작은 값부터 큰 값으로 정렬했을 때 가운데 위치한 값을 말한다. 전체 데이터의 개수가 홀수이면 가운데 값을 중위수로 하고, 데이터 개수가 짝수면 가운데 두 값의 평균을 중위수로 한다. 중위수는 극단적인 값인 이상치의 영향을 적게 받는 특징이 있다.

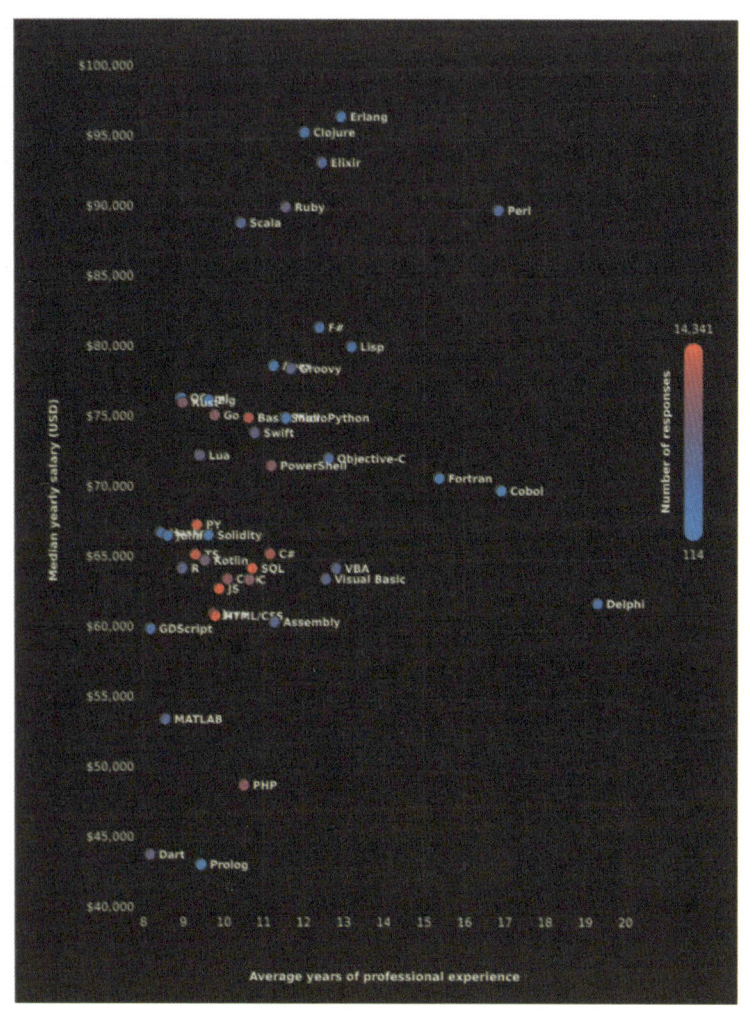

▲ 프로그래밍 언어별 평균 연봉과 경력[17]

17 출처: Stack Overflow 2024 Developer Survey, https://survey.stackoverflow.co/2024
데이터 라이선스 : Open Database License(ODbL)

아래의 사이트에 방문하면 더욱 다양한 정보들을 확인할 수 있다.

- TIOBE Index https://www.tiobe.com/tiobe-index/
- Stack Overflow Developer Survey https://survey.stackoverflow.co/2024/

▲ TIOBE Index, Stack Overflow Developer Survey 웹 사이트

텍스트 코딩 도구에는 비주얼 스튜디오(Visual Studio), 이클립스(Eclipse), 파이참(Pycharm), 안드로이드 스튜디오(Android Studio) 등이 있다. 텍스트 코딩 도구는 기능의 차이가 있는 무료 버전과 유료 버전이 있다.

블록 코딩(Block Coding)은 개발 도구에서 특정 기능을 담고 있는 블록들을 드래그 앤 드롭(Drag & Drop)[18]하는 방식으로 코딩하는 방법이다. 따라서 블록 코딩은 마우스로 드래그(Drag)만 할 수 있다면 누구나 코딩이 가능하며, 별도의 개발 환경 설정 및 사전학습을 필요로 하지 않는다.

블록 코딩 도구에는 엔트리(Entry), 스크래치(Scratch), 오렌지3(Orange3), MIT 앱 인벤터(MIT App Inventor) 등이 있고, 블록 코딩 도구는 대부분 무료로 사용 가능하다.

---

18 **드래그 앤 드롭(Drag&Drop)** : 사용자가 마우스로 객체를 드래그하고, 원하는 위치에 객체를 드롭하는(두는) 방식이다.

다음은 텍스트 코딩 도구와 블록 코딩 도구의 예시를 나타낸다.

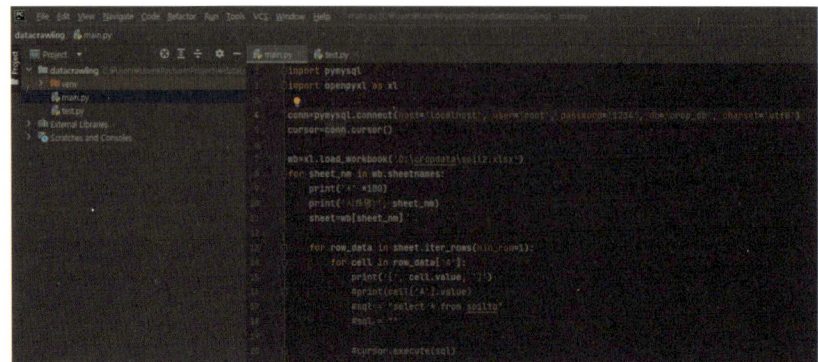

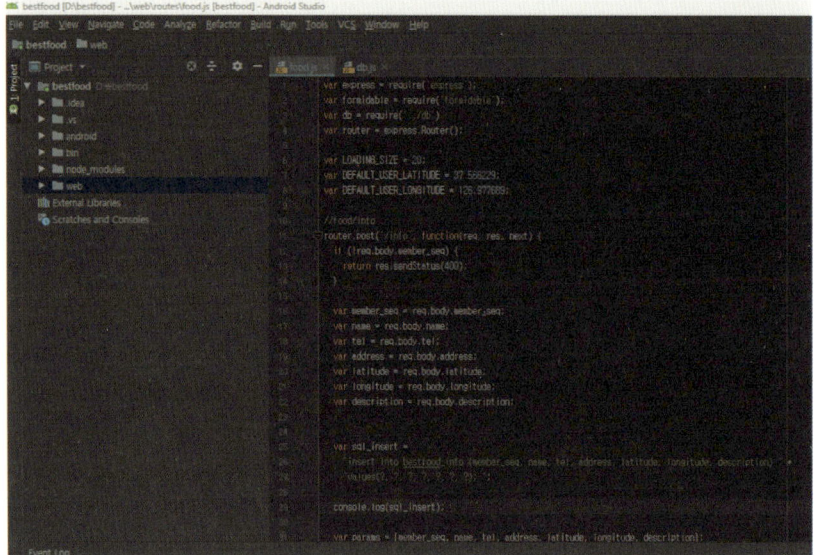

▲ 텍스트 코딩 도구 예시 :
파이참(Pycharm)(상), 안드로이드 스튜디오(Android Studio)(하)

파이참(PyCharm)은 파이썬(Python) 프로그래밍 언어로 개발을 할 수 있도록 도와주는 통합 개발 환경(IDE)[19]이다. 이 도구를 사용하면 다양한 라이브러리[20]를 쉽게 추가할 수 있기 때문에 데이터 분석, 인공지능 모델링, 시각화 작업 등을 효율적으로 수행할 수 있다.

안드로이드 스튜디오(Android Studio)는 안드로이드 운영체제에서 작동하는 모바일 앱을 개발할 수 있도록 지원하는 개발도구다. Java, Kotlin과 같은 프로그래밍 언어를 활용해 안드로이드 앱의 UI[21]를 설계하고 기능을 구현할 수 있으며, 앱의 테스트와 배포까지도 한 환경 내에서 진행할 수 있다.

엔트리를 활용하여 피지컬 컴퓨팅, 게임 만들기 등의 코딩이 가능하다. 피지컬 컴퓨팅(Physical Computing)은 컴퓨터 프로그래밍(코딩)과 전자 장치(아두이노, 라즈베리 파이 등)를 결합하여 현실 세계에서 직접 보고, 만지고, 반응할 수 있는 물리적인(physical) 결과를 만들어내는 컴퓨팅 활동을 말한다.

---

[19] **통합 개발 환경**(IDE, Integrated Development Environment) : 프로그래밍을 쉽고 효율적으로 할 수 있도록 도와주는 도구들의 모음으로 여러 개의 프로그램을 따로 사용할 필요 없이 하나의 화면(환경) 안에서 코딩, 실행, 디버깅, 테스트, 배포까지 개발에 필요한 대부분의 작업을 할 수 있도록 통합해둔 개발 환경이다.

[20] **라이브러리**(Library) : 개발도구에서 라이브러리는 개발자가 자주 사용하는 기능들을 미리 만들어 놓은 코드 묶음을 의미한다.

[21] **UI**(User Interface) : UI는 사용자 인터페이스로 사용자가 제품, 서비스, 시스템과 시각적으로 상호작용하는 모든 요소를 의미한다. 예를 들어 스마트폰 앱을 사용할 때 홈 화면에 보이는 메뉴 버튼, 알림 아이콘, 사진을 업로드하는 버튼 등은 모두 UI이다. 사용자는 이러한 UI를 통해 시스템에 명령을 내리거나 정보를 얻을 수 있다.

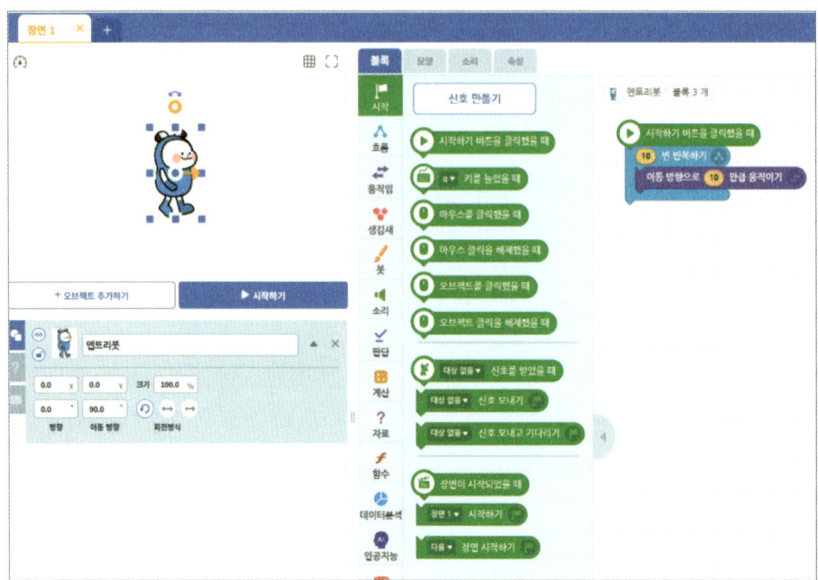

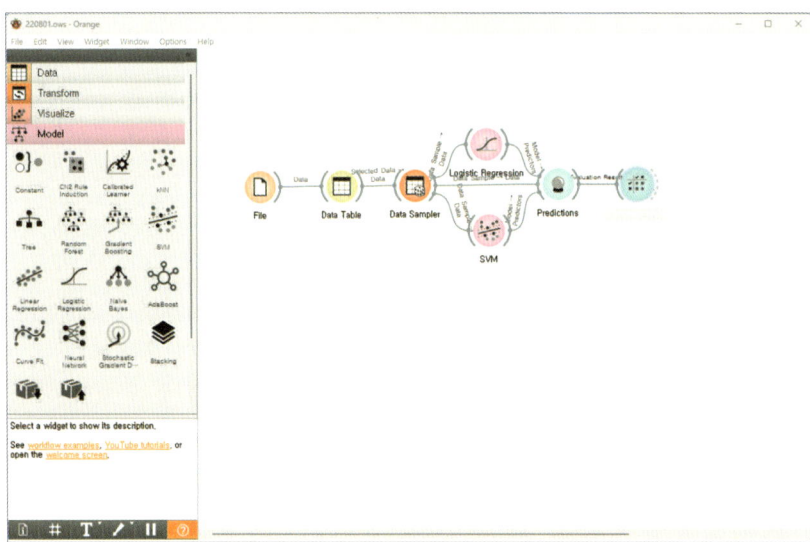

▲ 블록 코딩 도구 예시 : 엔트리(상), 오렌지3(하)

피지컬 컴퓨팅을 하면 단순히 화면 속에서만 작동하는 코드가 아니라, 센서, 모터, LED, 스피커, 버튼과 같은 입출력 장치를 활용해 사람의 행동이나 환경에 반응하는 시스템을 직접 만들어볼 수 있다. 또한, 엔트리에서는 인공지능 기능 컴포넌트[22]를 지원하여 인공지능 블록을 추가하면 음성 인식, 사물 인식, 번역하기, 읽어주기 등 다양한 인공지능 코딩이 가능하다.

오렌지3(Orange3)는 복잡한 프로그래밍 없이도 데이터를 손쉽게 분석하고 시각화할 수 있는 비주얼 데이터 분석 도구이다. 드래그 앤 드롭 방식의 직관적인 인터페이스 덕분에, 초보자도 간편하게 데이터 전처리, 분석, 그래프 출력 등의 작업을 수행할 수 있다. 또한, 오렌지3는 다양한 추가 기능(애드온, Add-on)을 통해 활용 범위를 확장할 수 있다. 예를 들어, 텍스트 마이닝, 워드 클라우드 생성, 시계열 데이터 분석, 경제 데이터 분석 등의 작업도 별도의 코딩 없이 간편하게 구현할 수 있어 교육용 및 실무용 도구로도 매우 유용하다.

결국 알고리즘은 수학을 잘하는 사람만을 위한 것이 아니다. 오히려 복잡한 문제를 간단하게 정리하고, 효율적으로 해결하고 싶은 모든 사람에게 필요한 사고 도구라고 할 수 있다. 또한 알고리즘을 배우면서 문제 해결 능력과 사고력이 증진되는 경험을 할 수 있다.

---

[22] **컴포넌트(Component)** : 엔트리에서 사용되는 컴포넌트는 비슷한 기능을 가진 블록들을 묶어 놓은 블록 꾸러미를 의미한다.

AI 기술의 지각변동 사례

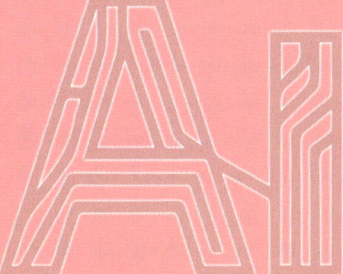

AI 기술의 지각변동 사례

🤖 알파고가 바꾼 세상

2016년 3월 9일, 서울 포시즌스 호텔에서 세계 최정상급 바둑 기사인 이세돌 9단과 인공지능 알파고(AlphaGo)의 역사적인 대국이 펼쳐졌다. 이세돌 9단은 당대 최고의 실력을 지닌 프로 바둑기사로 인간을 대표해서 대국에 임했고, 알파고는 구글 딥마인드(Google DeepMind)가 개발한 인공지능 프로그램으로, 수많은 바둑 기보(棋譜)를 학습하고 스스로 대국을 반복하며 실력을 키운 AI였다. 이 대국은 단순한 경기 그 이상이었다. 인간의 직관과 창의성을 상징하는 바둑이라는 영역에서, 과연 기계가 인간을 능가할 수 있을 것인가에 대한 실질적인 검증의 장이었기 때문이다.

하지만 당시 AI 기술에 대한 대중들의 관심도는 그리 높지 않았다. AI 기술에 대해서 대중들이 주목하고, 현실적으로 체감할 만한 기술적인 진보를 경험하지 못했기 때문이다. 무엇보다도 바둑은 인공지능으로 구현하기 어려운 인간의 영역이라는 인식이 강했다. 그 이유는 다음과 같다.

1. 압도적인 경우의 수

우선 바둑은 경우의 수가 10^{170} 정도로 추산된다. 참고로 이 수치는 우주의 모든 원자[1]의 수(약 10^{80})보다 훨씬 많은 수치다. 바둑의 경우의 수가 10^{170}으로 산정되는 이유는 다음과 같다. 바둑판은 19x19=361칸이고, 각 칸에 흑돌, 백돌, 빈 칸, 중 하나가 올 수 있다. 이를 단순히 계산하면 바둑의 모든 조합의 수는 $3^{361} \approx 10^{172}$가 된다. 하지만 바둑은 규칙이 있기 때문에 자살 수, 착수 금지 등 일부 조합은 무효가 된다. 이러한 무효 상태를 제거하고, 연속된 착수와 집 계산 등을 반영하면 바둑의 상태 수(경우의 수)를 10^{170}으로 추정할 수 있다. 이렇듯 바둑의 경우의 수가 압도적으로 많기 때문에 기계가 모든 경우의 수를 시뮬레이션하기에는 현실적으로 불가능하다고 여겨졌다.

---

[1] **원자**(Atom) : 모든 물질을 구성하는 가장 기본적인 단위로 화학적으로 더 이상 쪼갤 수 없는 물질의 최소 단위를 말한다.

2. 직관과 감각의 중요성

바둑에서는 '형세가 나빠질 것 같다.', '느낌상 이 수가 좋다.'와 같은 직관적인 판단이 중요하다. 사람들은 이러한 직관은 수십 년간의 실전 경험과 암묵적 학습을 통해서만 길러질 수 있다고 생각했다. 왜냐하면 직관과 감각은 정형화된 규칙이 아니라 감각적인 통찰력의 영역으로 AI가 이해하고, 학습하기 어려운 부분이었기 때문이다.

3. 기존 AI 접근 방식의 한계

기존에 사람과의 대결에서 우승했던 체스 AI는 규칙과 수를 계산하는 방식(**트리 탐색**[2] + **평가 함수**[3] 기반)이었으나 바둑은 이러한 방식으로는 계산이 불가능한 수준의 복잡도를 갖는다. 따라서 기존 방식으로는 승률이 높은 수를 평가할 수 있는 기준조차 만들기 어려웠고, 이 때문에 전문가들도 "AI가 바둑을 이기려면 수십 년이 걸릴 것"으로 예측하고 있었다.

이러한 대중들의 인식과는 반대로 알파고는 이세돌 9단을 상대로 4승 1패의 기록을 남기며, 압승을 거둔다. 5번의 대국을 분석해보면 주된 내용은 다음과 같다.

---

[2] **트리 탐색(Tree Search)** : 가능한 수들을 나무처럼 펼쳐서 어떤 수를 두는 게 좋은지 탐색하는 방법이다.
[3] **평가 함수(Evaluation Function)** : 각 상태(판의 상황)가 얼마나 좋은지를 숫자로 평가하는 함수다.

이세돌 9단과 알파고의 대국 분석

대국	날짜	결과	흑백	분석
1국	2016. 03.09	알파고 승	흑 : 이세돌 9단 백 : 알파고	• 알파고가 무난하고 안정적인 운영을 통해 형세를 차근차근 유리하게 이끌어감 • 이세돌 9단이 중반부터 전투를 걸며 흐름 반전을 시도하였으나 알파고의 정확한 수읽기와 수비력에 번번이 무너짐 • 포인트 : AI가 수읽기만 잘하는 기계가 아니라 전체 바둑의 흐름 역시 이해하고 운영할 수 있다는 것을 처음 보여준 대결
2국	2016. 03.10	알파고 승	흑 : 알파고 백 : 이세돌 9단	• 알파고가 초반, 중반까지는 예측 불가한 창의적인 수를 둠 • 특히 **흑 37수**는 누구도 예상하지 못한 자리로 이세돌 9단을 포함한 바둑 전문가들이 당황함 • 이후 알파고가 복잡한 전투에서도 흔들림 없는 판단력으로 주도권을 유지 • 포인트 : AI가 인간이라면 절대 두지 않을 수를 통해 오히려 승리하였고, AI의 창의성이 처음으로 주목받음
3국	2016. 03.12	알파고 승	흑 : 이세돌 9단 백 : 알파고	• 초반부터 알파고가 **상변**[4]과 **우변**[5]에서 형세를 주도 • 이세돌 9단은 중반 전투에서 역전을 시도했으나 알파고의 정확한 수읽기와 무리 없는 운영에 무너짐

---

4 **상변(上邊) :** 바둑판의 위쪽 변을 나타낸다. (1~3줄 부분)
5 **우변(右邊) :** 바둑판의 오른쪽 변을 나타낸다. (R~T열 부분)

				• 3국을 내줌으로써 5번기 전체의 승부는 알파고 승리로 확정 • **포인트** : 기술적인 완성도 측면에서 알파고의 가장 강력한 모습이 드러난 경기
4국	2016. 03.13	이세돌 승	흑 : 알파고 백 : 이세돌 9단	• 이세돌 9단은 초반부터 전투적인 흐름으로 승부를 유도 • 이세돌 9단이 기존 기보 데이터에서 벗어난 '새로운 수' **백 78수**를 두었고, 이전에 학습한 적 없던 데이터 패턴을 본 알파고는 당황하며 실수를 연발함 • 이후 알파고는 무리수를 연속적으로 두며 패색이 짙어졌고, 최초로 이세돌 9단의 승리 • **포인트** : 인간이 AI를 상대로 전략적 대응을 통해 창의적으로 승리할 수 있음을 입증한 바둑으로 이세돌 9단의 78번 수는 '신의 한 수'로 불림
5국	2016. 03.15	알파고 승	흑 : 이세돌 9단 백 : 알파고	• 이세돌 9단이 초반은 상당히 잘 풀어갔지만, 중반부터 알파고가 작은 실수 없이 형세를 역전 • 이후 승기를 잡은 알파고는 안전하고 실리 위주의 운영으로 승리 확정 • 이세돌 9단 역시 명승부를 펼쳤으나 결국 알파고의 안정성과 계산력이 앞섬 • **포인트** : 알파고의 실력은 단순한 계산 능력이 아닌 전체적인 흐름 통제 능력까지 포함하고 있음을 증명

알파고가 이세돌 9단을 이길 수 있었던 핵심적인 이유는 다음과 같다.

1. 강화학습을 통한 전략 진화

알파고는 스스로와 계속해서 대국을 하며, 실패를 교훈 삼아 실력을 향상시켰다. 이는 강화학습(RL, Reinforcement Learning)의 대표적인 응용으로 스스로 승률이 높은 전략을 찾아내는 과정이었다. 사람은 1년에 바둑을 수백 판 둘 수 있지만, 알파고는 하루에 수백만 판을 두고 학습할 수 있었다. 이로 인해 알파고는 짧은 시간에 많은 양의 바둑 데이터를 확실하게 학습할 수 있게 되었다.

2. 정책망(Policy Network)으로 **착수**[6] 확률 확인

알파고는 다음에 둘 가능성이 높은 수(手)[7]를 미리 예측할 수 있도록 기보 데이터를 학습한 인공신경망(정책망)을 사용한다. 정책망(Policy Network)은 알파고와 같은 인공지능이 바둑을 둘 때, 다음 수를 어디에 둘지 결정하는 두뇌 역할을 하는 딥러닝 모델이다. 알파고는 수많은 프로 기사의 기보를 보고 학습했으며, 이후 스스로와 수백만 번 대국을 하며 자기 실력을 강화했다. 즉, 알파고는 '많이 나오는 수'와 '잘 두는 수'를 사람처럼 감각적으로 알고 있었던 것이다.

---

6   **착수(着手)** : 바둑판 위에 돌을 하나 두는 행위를 말한다.
7   **수(手)** : 바둑에서 '수'는 바둑돌을 한 번 둔 것 또는 전략적인 한 번의 결정을 의미한다.

다음 그림은 알파고 스타일 정책망이 예측한 바둑판 내 착수 확률 분포를 시각화한 것이다. 착수 확률이 높은 위치일수록 파란 원이 크게 나타나며, 가장 높은 확률의 위치가 붉은색 별 모양으로 표시된다. 이 경우 알파고는 K12 위치에 다음 수를 두게 된다.

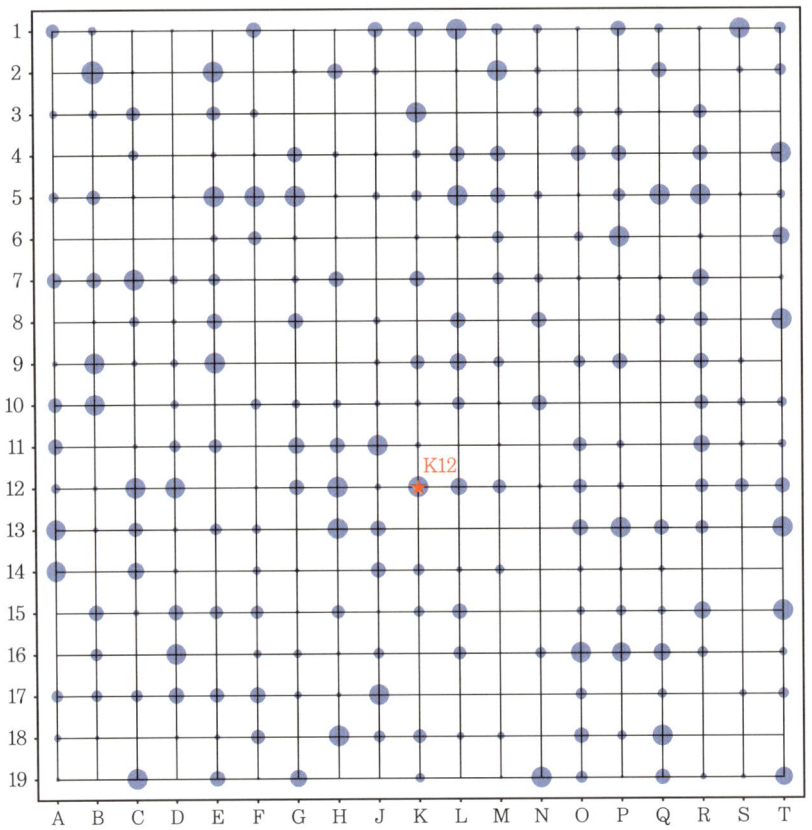

▲ 정책망(Policy Network) 통한 착수 분석 예시

3. 가치망(Value Network)으로 전체 판세 판단

가치망(Value Network)은 현재 바둑판 상태에서의 승산, 즉 해당 수가 승리로 이어질 확률을 예측하는 인공 신경망이다. 알파고는 시뮬레이션 도중 중간 바둑판 상태에 대해 가치망을 활용하여 형세가 얼마나 유리한지를 예측할 수 있었다. 이러한 능력은 기보 학습뿐 아니라 자가 대국을 통한 강화학습을 통해 형세 판단 능력을 갖추었기 때문이다. 또한, 가치망은 게임을 끝까지 시뮬레이션하지 않고도 현재 상태만으로 승산을 빠르게 예측할 수 있어, 몬테카를로 트리 탐색(MCTS)의 효율을 크게 향상시킨다.

예를 들어, 정책망이 착수 후보로 A3(12%), B4(5%), C6(15%) 등의 확률을 예측하면, 가치망은 A3 착수 시 승산 71%, C6 착수 시 84% 등으로 각 수의 이길 가능성을 추정한다.

이처럼 가치망은 정책망이 추천한 수의 승산을 예측하여, 신뢰도 높은 판단을 가능하게 하고 몬테카를로 트리 탐색(MCTS)의 시뮬레이션 효율과 전략적 선택의 정밀도를 크게 높여준다.

4. 몬테카를로 트리 탐색(MCTS) 기법 사용

몬테카를로 트리 탐색(MCTS, Monte Carlo Tree Search) 기법은 알파고를 비롯한 많은 AI가 다음 수를 두기 위해 수많은 가능성 중 가장 유리한 수를 선택하는 데 사용되는 알고리즘이다. 기존의 AI는 단순히 가능한 모든 수를 계산하는 전수 조사 방식이었지만, 알파고는 정책망을 통해 유망한 수를 먼저 예측하고, 몬테카를로 트리 탐색 기법(MCTS)을 통해 그 수들에 대한 시뮬레이션을 진행하며, 가치망을 활용해 각 시뮬레이션 경로의 승률을 빠르게 예측한다.

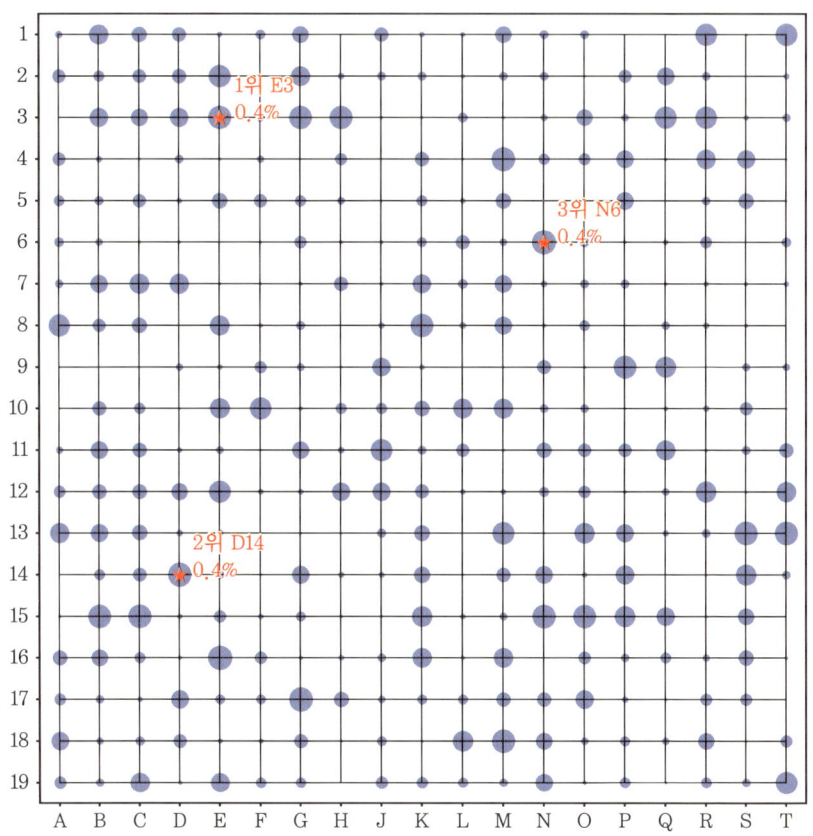

▲ 정책망, 가치망, 몬테카를로 트리 탐색(MCTS) 기반
바둑 수 선택 및 승률 분석 예시

이렇게 세 가지 구조가 결합되면서, 알파고는 단순 계산이 아닌 승산이 높은 수를 효율적이고 집중적으로 탐색하여 더 빠르고 정확한 수를 선택할 수 있게 되었다.

왼쪽의 그림은 정책망, 가치망, 몬테카를로 트리 탐색(MCTS) 기반 바둑 수 선택 및 승률 분석 예시이다.

파란 원의 크기는 정책망이 예측한 착수 확률에 비례하며, 빨간 별은 몬테카를로 트리 탐색 기법(MCTS)과 가치망(Value Network)의 결합을 통해 계산된 승률이 가장 높은 착수 위치를 나타낸다. 표시된 비율과 순위는 이러한 승률이 높은 상위 3개 수에 대한 수치를 의미한다.

5. 인간이 보지 못한 '비정형 수'를 찾을 수 있음

알파고는 기존 기보나 정석에 얽매이지 않고, 사람이라면 절대 두지 않을 창의적인 수를 시도했다. 대표적인 예로 2국의 37번수를 들 수 있다. 사람들은 알파고의 37번 수에 대해 처음에는 실수라고 분석했지만, 결과적으로 이 37번 수는 판을 지배하는 중요한 수가 되었다. 이것은 인간은 과거 기보 내용을 위주로 한정적으로 학습하지만, 알파고는 데이터를 통해 그 한계를 뛰어넘는 방식으로 학습되었기에 가능했던 결과이다.

알파고와 이세돌 9단의 바둑 대국 이후, 인간의 고유 영역으로 여겨졌던 바둑에서도 AI가 승리를 거두자 전 세계가 큰 충격과 관심을 보였다. 이 사건은 AI 기술의 잠재력에 대한 필요성과 동시에 경계심을 불러일으키는 계기가 되었다.

이후 AI 기술은 다양한 산업 분야로 빠르게 확산되기 시작했다. 기술적인 측면에서는 딥러닝, 강화학습, 자연어 처리(NLP) 등 핵심 분야에 대한 연구가 폭발적으로 증가했고, AI의 성능과 적용 가능성도 눈에 띄게 향상되었다.

정책 및 교육 분야에서는 AI 활용 역량을 갖춘 인재를 양성하기 위해 필수 교육과정과 디지털 소양 교육이 확대되었으며, 기업에서는 AI 기반 고객 응대 챗봇, 수요 예측, 생산 자동화가 본격적으로 도입되었다. 의료 분야에서는 AI가 CT·MRI 등 의료영상 분석, 암 진단 보조, 신약 후보 물질 탐색에 활용되기 시작했다. 법률 산업에서는 판례 검색, 문서 자동 분석, 계약서 초안 작성 등에 AI가 적용되었고, 금융 업계에서는 이상 거래 탐지, 신용 평가, 자산 운용 자동화 등의 분야에 AI 기술이 도입되었다.

이처럼 알파고의 등장은 단순한 바둑 승부를 넘어, 인류 사회 전반에 AI라는 존재를 실감하게 만든 실질적인 충격이자 계기가 되었다.

ChatGPT의 인기 비결

2022년 11월 30일 ChatGPT 서비스가 대중에게 공개되었다. ChatGPT는 공개 직후 전 세계적으로 폭발적인 반응을 일으켰고, 일상 속에서 실질적으로 활용될 수 있는 AI의 가능성을 처음으로 증명한 사례가 되었다. 미국 뉴욕타임스는 이를 두고 "AI가 드디어 대중의 손에 들어왔다."라고 평가했으며, 일론 머스크 역시 "ChatGPT는 무서울 정도로 잘 작동한다."라고 언급하며 기술적 충격을 표현했다.

다음은 ChatGPT가 공개되었을 당시의 국내외 언론의 반응이다.

🔍 ChatGPT 공개 당시 국내외 언론 반응

구분	반응 요약	대표 기사 제목
해외	5일 만에 100만 명 가입	Entrepreneur INDIA : "Internet Sensation ChatGPT Crosses 1 Million Users In 5 Days"
	OpenAI의 새로운 챗봇 성능에 대한 우려 제기	NYT : "The Brilliance and Weirdness of ChatGPT"
	교육계 AI 도입 및 윤리 논의 시작	WSJ : "ChatGPT Banned in New York City Public Schools Over Concerns About Cheating, Learning Development"
국내	개발자들 ChatGPT 실무 활용 확대	스카이데일리 : "개발자 46% '실제 업무에 챗GPT 활용한다'"
	교육계 우려 : 과제·보고서 대체 문제 제기	동아일보 : "국내 국제학교 학생들, 챗GPT로 과제 대필… '전원 0점'"
	생성형 AI 가이드라인 필요성 언급	조선일보 : "챗GPT가 문 연 AI 시대… 규제도 고려해야"

3장 AI 기술의 지각변동 사례

다양한 플랫폼에서는 해당 서비스의 영향력과 인기도를 평가하는데 가입자 수 100만 명 도달 시간을 주요 지표로 삼는다. 이는 해당 플랫폼이 얼마나 빠르게 대중의 주목을 받았는지 보여주는 객관적인 초기 판단 기준이 되기 때문이다.

주요 플랫폼에서 100만명의 가입자에 도달한 시간은 다음과 같다.

Q 주요 플랫폼에서 100만명의 가입자에 도달한 시간

플랫폼	가입자 100만 명 도달까지 걸린 시간	출시년도	플랫폼 특징
ChatGPT	5일	2022년	OpenAI에서 출시한 대화형 인공지능 챗봇
Instagram	2.5개월	2010년	모바일 중심의 사진 및 영상 공유 SNS
Facebook	10개월	2004년	하버드 대학생 전용 → 전 세계로 확대
Twitter	2년	2006년	짧은 글(**마이크로블로그**[8]) 중심의 실시간 소통 SNS
Netflix	3.5년	1997년	DVD 대여 서비스에서 시작해 글로벌 스트리밍 플랫폼으로 전환

---

[8] 마이크로블로깅(Microblogging) : 짧은 텍스트, 이미지, 링크 등을 빠르게 공유할 수 있는 간단한 블로그 형태의 소셜 미디어 활동을 말한다.

OTT 서비스[9]의 대중화에 기여한 Netflix는 100만명의 가입자에 도달하기까지 3.5년이 걸렸고, Facebook은 10개월, Instagram은 2.5개월이 걸렸다. 이에 반해 ChatGPT는 단 5일 만에 가입자 100만명을 확보하며, 기존 플랫폼과는 차원이 다른 확산 속도를 보여주었다.

이는 단순한 호기심 차원을 넘어 AI 플랫폼의 사용 가능성과 기술력에 대한 신뢰가 사용자들 사이에서 빠르게 형성되었음을 의미한다. 또한, ChatGPT의 등장으로 AI 서비스가 대중적 플랫폼으로 자리잡게 되었다.

그렇다면 ChatGPT의 인기 비결은 무엇이었을까? ChatGPT가 빠르게 대중적인 서비스로 확산될 수 있었던 이유는 다음과 같다.

1. 실제 사람처럼 자연스러운 대화 가능

ChatGPT에게 질문을 할 때, 기계인 웹 혹은 앱 화면의 채팅창에 질문을 입력하지만, 그 질문에 대한 응답은 사람이 대답해주는 것처럼 자연스럽다. 간혹 사용자의 질문이 다소 모호하더라도 ChatGPT는 해당 질문의 맥락을 파악하여 그에 맞는 정보를 제공한다. 인터넷 상에 존재하는 방대한 양의 데이터 중 ChatGPT가 자체적으로 데이터를 검색하고, 정리하여 요약된 정보를 제공해주기 때문에 사용자의 입장에서는 개인 비서 혹은 선생님을 둔 것처럼 느낄 수 있게 되었다. 이

---

[9] **OTT 서비스(Over-The-Top media service)** : 인터넷을 통해 방송 프로그램·영화·교육 등 각종 미디어 콘텐츠를 제공하는 서비스를 말한다.

러한 사용자들의 실제 사용 후기가 입소문을 타면서 ChatGPT에 대한 대중의 관심도가 빠르게 높아지게 되었다.

다음은 "최근 AI 기사 키워드 영문으로 워드클라우드 만들어줘"에 대한 ChatGPT의 응답 결과이다.

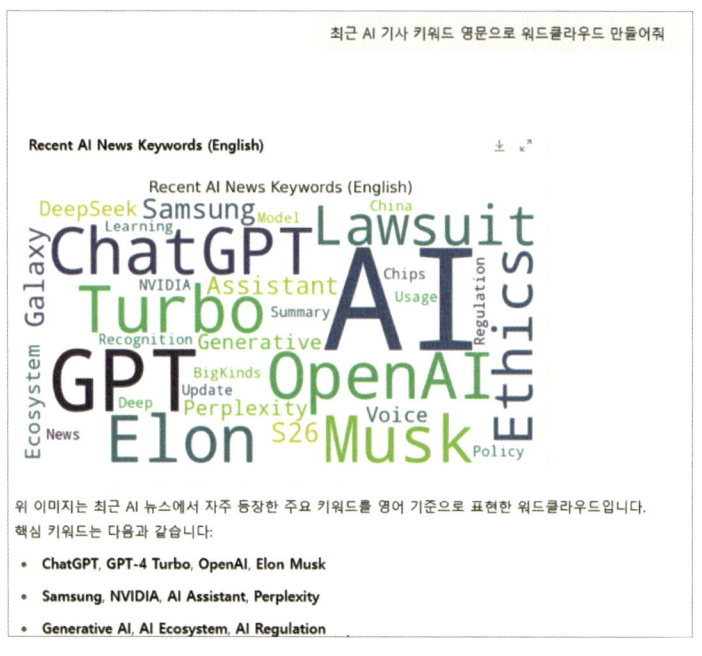

▲ 사용자의 질문에 대한 ChatGPT의 응답 예시

워드클라우드(Word Cloud)는 텍스트 데이터에서 단어나 키워드의 등장 빈도를 시각화하여 자주 등장하는 단어일수록 크고 눈에 띄게 표시하는 그래픽 표현 방식이다.

최근 AI 기사를 분석한 결과 ChatGPT, OpenAI, Elon Musk 등의 키워드가 자주 등장한 것을 시각적으로 확인할 수 있다.

2. 누구나 쉽게 사용 가능

과거 AI 서비스는 설치가 필요하거나 영어만 지원하는 등 해당 서비스를 사용함에 있어 진입 장벽이 있었다. 하지만 ChatGPT는 이메일 주소와 전화번호만 있으면 웹사이트 및 앱에서 바로 가입하여 사용할 수 있고, 한국어를 포함한 다국어 서비스를 지원한다. 이로 인해 특정 연령, 국적, 성별에 국한되지 않고 다양한 사용자가 손쉽게 ChatGPT 서비스를 사용할 수 있게 되었다.

또한, 질문공간과 답변공간으로 분리된 직관적인 화면으로 ChatGPT를 처음 사용하는 사용자도 어려움 없이 해당 서비스를 사용할 수 있었고, 이로인해 ChatGPT 사용자 수가 빠르게 증가되었다.

3. 코딩, 글쓰기, 요약 등 실생활에 도움 되는 기능 제공

과거에는 AI 기술이 점차 발전하더라도 사라지지 않을 대표적인 직업으로 개발자(프로그래머)와 작가가 자주 언급되었다. 사람의 프로그래밍으로 AI 서비스가 설계되었으므로 복잡한 코드를 작성하는 코딩 능력은 AI 기술로 구현하기 어렵다는 의견이 있었다. 또한, 글쓰기나 그림과 같은 창작 활동은 인간 고유의 창의적인 사고를 통해 가능한 부분이라는 인식이 강했기 때문이다. 하지만 ChatGPT는 사용자의 요청에 맞게 코딩을 해주거나 특정 주제로 작문을 해주고, 심지어 이미지를 생성해준다. 이렇듯 ChatGPT는 실생활에서 당장 활용할 수 있는 실용적인 서비스로 단순한 흥미를 넘어서 일상과 업무에 필요한 도구로 대중에게 자리잡게 되었던 것이다.

다음은 파이썬 언어를 활용하여 사칙연산이 가능한 코드를 만들어 달라는 요청에 대한 ChatGPT의 응답 결과이다.

```python
def calculator():
    print("=== 사칙연산 계산기 ===")
    try:
        num1 = float(input("첫 번째 숫자를 입력하세요: "))
        op = input("연산 기호를 입력하세요 (+, -, *, /): ")
        num2 = float(input("두 번째 숫자를 입력하세요: "))

        if op == '+':
            result = num1 + num2
        elif op == '-':
            result = num1 - num2
        elif op == '*':
            result = num1 * num2
        elif op == '/':
            if num2 == 0:
                print("0으로 나눌 수 없습니다.")
                return
            result = num1 / num2
        else:
            print("올바른 연산 기호를 입력해주세요.")
            return

        print(f"결과: {result}")

    except ValueError:
        print("숫자를 정확히 입력해주세요.")

# 실행
calculator()
```

▲ 파이썬 언어를 활용한 사칙연산 코드 생성 요청에 대한 ChatGPT의 응답 결과

4. 무료로 고성능 AI 기술 체험 가능

　ChatGPT의 큰 장점 중 하나는 무료서비스를 제공한다는 것이다. 물론 무료로 모든 서비스를 이용할 수 있는 것은 아니지만, 무료임에도 고성능의 AI 기술을 체험하고 활용할 수 있다는 점은 많은 사용자에게 매력적인 요인이 되었다. 그로인해 "나도 한 번 써볼까?" 하는 사용자들이 많이 늘어나게 되었고, ChatGPT의 성능에 대한 유용함이 입소문을 타면서 더 많은 사용자층을 확보할 수 있게 된 것이다.

　ChatGPT는 현재 GPT-5를 유료 및 무료 서비스의 기본 모델로 제공한다. GPT-5는 대화 문맥 유지, 문장 생성, 질의응답 등 전반에서 이전 세대 모델보다 정확성과 안정성이 향상되었다. 유료 플랜(Plus/Pro/Business/Enterprise)을 이용할 경우 같은 GPT-5를 더 높은 사용 한도로 이용할 수 있고, GPT-5 Thinking 등 추가 모드를 모델 선택기로 직접 선택할 수 있다.

　무료 버전의 메시지 한도는 5시간당 10회이며, 보다 깊게 질문에 대해 생각하는 GPT-5 Thinking은 하루 1회 사용할 수 있다. 만약 Thinking 모델의 사용 한도를 초과하면 자동으로 미니 모델로 전환된다. 유료 플랜은 무료 버전보다 한도가 크게 높고(예: Plus는 GPT-5 Thinking을 주당 수천 회까지 허용), 세부 한도는 사용하는 플랜 및 시점에 따라 조정될 수 있다.

다음은 GPT 모델별 성능 비교를 나타낸다.

🔍 GPT 모델별 성능 비교

항목	GPT-5	GPT-4 Turbo	GPT-3.5
출시 연도	2025	2023	2022
사용 가능 여부	현재 기본 모델로 유료 및 무료 사용 가능	사용 불가	사용 불가
서비스 기간	2025.08.07.~	2023.11.06.~2025.04.30	2022.11.30.~2024.05.13
대화 자연스러움	★★★★★	★★★★★	★★★★
추론 능력	★★★★★	★★★★★	★★★
속도	사고 시간에 따라 다름	매우 빠름	빠름
사용 제한	무료 : 5시간당 10회, 유료 : 요금별 더 높은 한도	Plus 기준 약 40건 질문(시간당 제한)	약 20~30건 질문(1일 제한)
이미지 입력	가능 ✔	가능 ✔	불가능 ✘
장문 처리	Instant 모드 : 128K, Thinking 모드 : 196K 지원	최대 128K 토큰 지원	4~16K 토큰 지원

5. 감정적 소통 가능

사용자들은 ChatGPT에게 다양한 질문을 한다. 대부분이 업무, 학업 등 정보를 얻기 위한 질문이겠지만, 그 중에는 개인적인 이야기를 하며 고민상담을 하는 경우도 있다. 마치 친구나 지인에게 고민상담을 하는 것처럼 ChatGPT에게 말을 하면 ChatGPT는 사람처럼 사용자의 마음을 읽어주거나 위로의 말을 건네기도 한다. 감정없는 단순한 기계에 불과하다고 생각했던 AI 기술이 사람의 마음을 이해하고 감정적인 대응을 해주는 자체만으로 많은 사람들이 위로를 받게 되는 것이다. 또한, ChatGPT의 음성 모드 기능을 이용하면, 실제 사람과 대화하는 것과 같은 느낌이 들기 때문에 더욱 자연스러운 대화가 가능하다.

다음은 ChatGPT에서 사용 가능한 음성 모드 기능이다.

▲ ChatGPT 음성 모드 기능

음성 모드 기능으로 "일이 많아 피곤하다."는 말을 했을 때, ChatGPT는 아래와 같이 답변을 해준다. 사용자의 감정에 공감해주는 AI의 모습이 인상적이다.

> "일이 너무 많아서 피곤해."
> 🎤 00:02
>
> 요즘 일이 많아서 정말 고생이 많으시네요. 가끔은 잠깐이라도 쉬는 시간 가지면서 에너지 충전하는 것도 중요하니까, **틈틈이** 잘 챙겨보세요! 힘내시고, 언제든지 편하게 이야기 나눠요.

▲ 사용자에게 고민 상담을 해주는 ChatGPT

3장 AI 기술의 지각변동 사례

이러한 이유로 ChatGPT는 단시간에 빠른 속도로 다양한 사용자층을 확보할 수 있었고, 현재 다양한 분야에서 실질적으로 활용되고 있다.

그림 그리는 AI, 미드저니(Midjourney)의 등장

본문에 앞서 미드저니가 무엇인지 먼저 알아보자.

미드저니(Midjourney)는 AI 기반 이미지 생성 플랫폼으로 사용자가 입력한 텍스트(prompt)를 바탕으로 고해상도의 창의적인 이미지를 자동으로 만들어주는 도구다. 미드저니는 2022년 서비스 공개 이후 빠르게 주목받으며, 예술, 디자인, 브랜딩, 광고 등 다양한 분야에서 폭넓게 활용되고 있다. 특히 미드저니는 예술가 스타일의 그림 생성에 특화되어 있으며, 시각적으로 독창적인 결과물을 만드는 데 강점을 가진다는 특징이 있다. 이러한 이유로 미드저니는 일반 사용자뿐 아니라 전문 아티스트나 디자이너들 사이에서도 널리 사용되고 있는 플랫폼이다. 한때 미드저니는 무료 체험 서비스를 제공했으나, AI 이미지 생성의 남용을 방지하고, 안정적인 서비스를 유지하기 위해 현재는 전면 유료화된 상태다. 미드저니 유료 요금제는 매월 $10의 Basic에서 $120의 Mega까지 다양하다.

다음은 미드저니의 장점과 단점을 나타낸다.

미드저니의 장점

① 예술적인 스타일 : 화려하고 감각적인 스타일을 잘 표현하고, 회화나 일러스트에 특히 강함
② 직관적 인터페이스 : 디스코드[10]를 기반으로 한 프롬프트 입력 방식으로 접근성 높음
③ 고화질 출력: 최신 버전에서 고해상도 이미지를 빠르게 생성 가능
④ 창의성 보완 도구 : 디자이너, 기획자에게 발상 보조 도구로 유용함
⑤ 빠른 결과 생성 : 입력 즉시 이미지 4개 세트를 빠르게 반환함

미드저니의 단점

① 디테일 제어의 어려움 : 세부 구도, 텍스트 삽입, 손가락 개수 등 디테일 작업 제어가 어려운 경우 있음(특히 초기 버전)
② 한국어 지원 미흡 : 프롬프트는 영어 기반으로 활성화되어 있고, 한국어 인식 정확도가 낮음
③ 상업적 사용 제약: 유료 회원만 상업적 사용 가능하며, 생성물에 대한 법적 권한이 완전하지 않음
④ 디스코드(Discord) 기반의 제한성 : 별도 앱 없이 디스코드 내 채널에서만 사용할 수 있어 사용자가 불편함을 느낄 수 있음
⑤ 반복성/유사성 : 특정 스타일의 결과물이 유사하게 반복되는 경향이 있음

---

[10] **디스코드(Discord)** : 음성, 영상, 채팅이 모두 가능한 커뮤니티 중심의 메신저 플랫폼이다. 본래 게임 사용자들의 음성 채팅 도구로 시작했지만, 현재는 학생, 개발자, 크리에이터, 기업 등 다양한 사람들이 사용한다.

즉, 미드저니는 AI 기술을 기반으로 사용자의 키워드에 맞게 그림을 만들어주는 새로운 창작 도구인 셈이다. 한마디로 'AI 화가'라고 할 수 있다.

그렇다면 미드저니는 어떻게 그림을 만들어낼 수 있을까? 미드저니가 그림을 생성하는 과정은 다음과 같다.

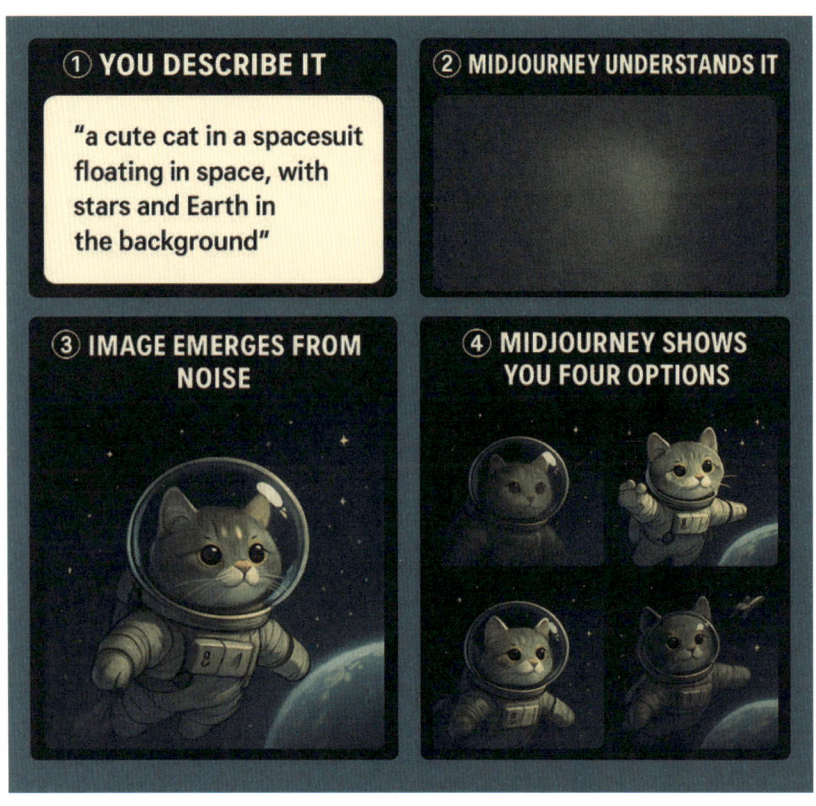

▲ 미드저니 그림 생성 과정 예시

1. 사용자가 원하는 컨셉의 그림 설명을 입력한다.
   - 텍스트 예시 : 우주복을 입고 우주를 떠다니는 귀여운 고양이, 별들과 지구를 배경으로

2. 미드저니가 그림 설명에 대한 의미를 분석한다.
   - 우주복 : 반짝이는 헬멧, 둥근 유리창
   - 고양이 : 귀가 뾰족하고 눈이 큰 귀여운 동물
   - 우주 : 어두운 배경, 별빛, 지구
   - 떠다닌다 : 공중에 둥둥 떠 있는 모습

3. 아무것도 없는 화면에서 이미지가 생성된다.
   - 처음에는 아무것도 없는 회색 노이즈(Noise) 화면에서 점차 고양이, 얼굴, 지구, 별빛 등의 이미지가 생성된다.
   - 무의미한 점들의 배경(Noise) 속에서 AI가 점점 의미 있는 형태를 '끌어내는' 과정으로 마치 안개 속에서 형태를 만들어 그림으로 완성하는 것과 같은 느낌이다.

4. 미드저니가 4가지 버전의 그림을 보여준다.
   - 고양이가 한 곳을 응시하고 있는 그림
   - 고양이가 정면에서 손을 흔들고 있는 그림
   - 별빛이 더 강조된 그림
   - 우주선 근처에 고양이가 있는 그림

5. 사용자는 미드저니가 만들어준 그림 중 마음에 드는 그림을 고르거나 수정할 수 있다.

- "이 사진을 더 크게 보여줘." → 업 스케일[11]
- "이 느낌과 비슷한 그림을 더 보고싶어." → 바리에이션[12] 생성

미드저니 스타일로 그림을 직접 생성해보자. 다음은 "우주 속 고대 신전"이라는 키워드를 입력하고, 미드저니 스타일로 생성한 이미지 예시이다.

▲ 미드저니 스타일로 생성한 이미지 예시-"우주 속 고대 신전"

---

[11] 업 스케일(Upscale) : 해당 이미지를 더 크고 선명하게 만드는 것을 의미한다.
[12] 바리에이션(Variation) : 마음에 드는 이미지의 느낌을 유지하면서 비슷한 다른 버전들을 생성하는 것을 의미한다.

생성된 이미지를 보면 사용자의 요청에 맞게 우주를 배경으로 한 고대 신전의 모습이 잘 표현되어 있는 것을 확인할 수 있다.

그렇다면 이 미드저니는 예술계에 어떤 영향을 끼쳤을까?

그림은 작가의 창의적 사고가 담긴 고유의 창작물이다. 정형화된 표현 방식이 없기 때문에 모든 작품은 그 자체만으로 고유의 가치를 갖는다. 더욱이 하나의 작품에는 오랜 시간에 걸친 작가의 고뇌와 노력이 고스란히 담겨있다. 이러한 이유로 많은 사람들은 인간의 창의성이 담긴 예술은 AI가 넘볼 수 없는 영역이라 여겨왔다. 그러던 중 예술계에서 다소 충격적인 사건이 발생했다.

2022년 미국 콜로라도 주립 박람회(2022 Colorado State Fair)의 디지털 아트 부문에서 제이슨 앨런(Jason M. Allen)이 미드저니를 활용해 만든 작품《Théâtre D'opéra Spatial》이 1등으로 수상하며 큰 화제를 모았다.

Théâtre D'opéra Spatial는 프랑스어로 번역하면 '우주에서 열리는 오페라 공연장'이라는 뜻이다. 이 작품은 바로크 양식의 오페라 극장을 배경으로, 우주 헬멧을 쓴 빅토리아 시대의 인물들이 등장하는 장면을 묘사한 작품이다. 이러한 독특한 조합은 인간의 상상력과 AI의 창의성이 결합된 결과물로 평가받았다.

하지만 제이슨 앨런의 수상 직후, 해당 작품이 AI 이미지 생성 플랫폼인 미드저니를 통해 만들어졌다는 사실이 알려지자 예술계에서는 큰 혼란이 빚어졌다. 예술가의 창의성과 손작업이 중요한 순수미술 경연에서 AI가 생성한 이미지가 수상작이 되는 것이 타당한가에 대한 비판이 제기된 것이다. 이에 대해 제이슨 앨런은, 미드저니를 사용해 이미지를 생성한 것은 사실이나 이후 직접 포토샵(Photoshop)을 활용해 후처리했고, 출품 당시에도 AI 사용 사실을 명시했다고 반박했다. 결국, 주최 측은 이 작품이 디지털 아트 부문의 기준에 부합한다고 판단해 수상 결정을 유지했다.

이 사건은 단지 한 예술 대회의 해프닝이 아니라, AI가 인간의 영역으로 여겨지던 창작 활동에 본격적으로 진입했음을 보여준 상징적인 사건이 되었다. 또한, 미드저니의 사례는 'AI는 도구일 뿐이다.'라는 인식에서 벗어나, 이제는 'AI와 인간이 함께 창작하는 시대'라는 대중적 관점을 갖게 했고, 이는 창작의 패러다임이 전환되는 계기가 되었다.

하지만 제이슨 앨런의 수상 결정 이후 예술계는 거세게 반발했다. 2023년 1월, 미국 시각 예술가 3인(사라 앤더슨(Sarah Andersen), 켈리 맥커넌(Kelly McKernan), 카를라 오르티즈(Karla Ortiz))은 미드저니를 포함한 AI 이미지 생성 기업들을 상대로 캘리포니아 북부 연방지방법원에 저작권 침해 집단 소송을 제기했다. 이들은 해당 기업들이 웹(Web)에서 수집한 방대한 이미지로 AI를 훈련시켜 예술가들의 권리를 침해했다고 주장했다. 법원은 예술가 3인의 저작권 침해 주장에 대해 일부를 받아들였고, 원고 측은 AI 모델의 훈련 과정에서 예술가들의 작품이 어떻게 사용되었는지를 밝히기 위해 AI 기업을 대상으로 관련 자료를 요청하고 있다. 이 소송은 AI 기술과 예술가의 권리 보호 사이의 균형을 모색하는 중요한 법적 선례가 될 것으로 예상된다.

미드저니에 대한 대중의 논란은 여전히 이어지고 있다. 경계 없는 창작 활동을 위한 새로운 도구로 인정할지 기존 예술가들의 화풍을 모방하고, 생계를 위협하는 위협자로 배척할지에 대한 기준이 모호하기 때문이다.

분명한 것은 AI가 넘볼 수 없는 영역이라고 여겨졌던 예술분야에서도 AI 기술이 활용되고 인정받기 시작했다는 점이다. 급격하게 발전하고 있는 AI 기술을 우리가 어떻게 효율적으로 사용해야 할지에 대해서는 진지하고 신중한 고민이 필요한 부분이다.

딥시크(DeepSeek), 위기일까? 기회일까?

딥시크(DeepSeek, 深度求索)는 중국 항저우에 본사를 둔 AI 스타트업으로 오픈 소스 기반의 대형 언어 모델(LLM)을 개발하고 있다. DeepSeek의 대표적인 모델에는 DeepSeek-V3와 DeepSeek-R1이 있다.

우선, DeepSeek의 주력 모델이라고 할 수 있는 대형 언어 모델(LLM)에 대해서 살펴보자.

대형 언어 모델(LLM, Large Language Model)은 사람이 사용하

는 언어인 **자연어**[13]를 이해하고, 요약하는 등의 작업을 할 수 있는 인공지능 모델이다. 예를 들어 '나는 오늘 아침 빵과'라는 텍스트가 입력되었다면 '커피를 먹었다.'와 같은 식으로 다음 문장을 예측할 수 있는 모델이다.

그렇다면 대형 언어 모델(LLM)은 어떻게 자연어를 이해하고, 처리할 수 있을까?

대형 언어 모델(LLM)은 인터넷에 있는 수많은 웹 페이지, 책, 뉴스, 코드(code) 등 방대한 양의 정보를 읽고 수집한다. 그 후에 모델은 문장 속 단어들의 패턴과 순서를 계속해서 분석하면서 '어떤 단어가 어떤 상황에서 자주 등장하는지'를 통계적으로 파악하게 된다. 이때, 모델이 단어의 패턴을 분석하고, 학습할 때 사용되는 핵심 구조는 '트랜스포머'다.

트랜스포머(Transformer)란 자연어를 이해하고, 생성하기 위해 고안된 딥러닝 모델로서 2017년 Google이 논문「Attention Is All You Need」에서 처음 발표했다. GPT, BERT[14], DeepSeek 등 거의 모든 대형 언어 모델(LLM)이 트랜스포머 구조를 기반으로 만들어졌다. 쉽게 말해서 트랜스포머는 문장의 모든 단어를 한꺼번에 보고, 각 단어

---

[13] **자연어**(Natural Language) : 사람들이 일상 생활에서 사용하는 언어를 말한다. 한국어, 영어, 스페인어 등이 모두 자연어라고 할 수 있다.

[14] BERT(Bidirectional Encoder Representations from Transformers) : 2018년 구글이 공개한 자연어 처리 모델이다. 이는 챗봇, 번역, 텍스트 요약, 검색 등에 활용된다.

가 문맥 속에서 어떤 의미를 갖는지 파악해서 보다 똑똑한 답변이나 예측을 할 수 있도록 만든 구조인 것이다.

대형 언어 모델(LLM)의 예로는 OpenAI의 GPT-3.5 · GPT-4와 DeepSeek의 DeepSeek-V3 · DeepSeek-R1이 있다. 대형 언어 모델(LLM)을 이해하기에 앞서 관련 용어에 대해 알아보자.

대형 언어 모델(LLM)의 필수 개념에는 '토큰'과 '파라미터'가 있다.

토큰(Token)은 모델이 읽고 학습하는 단어의 조각과 같다. 예를 들면 책을 읽을 때 나오는 단어 하나하나가 바로 토큰인 셈이다. 파라미터(Parameter)는 모델 내부의 기억력 및 지식 저장 공간을 의미한다. 즉, 파라미터는 '모델의 뇌 크기'를 의미하고, 학습 데이터 토큰 수는 '모델이 학습한 지식의 양'을 의미한다. 따라서 모델의 크기와 학습 품질이 보장된다면, 학습에 사용된 토큰 수가 많아질수록 언어 패턴에 대한 이해, 추론 능력, 일반화 성능이 향상될 수 있다.

모델이 학습한 지식의 양 = 토큰

모델의 뇌 크기 = 파라미터

▲ 대형 언어 모델(LLM)에서 토큰과 파라미터 비유

공개된 자료에 의하면 GPT-3.5는 약 3,000억 개의 토큰으로 학습되었고, 파라미터 수는 약 1,750억 개라고 한다. GPT-4 모델에 대해 공식적으로 발표된 수치는 없지만 약 13조 토큰 규모와 수천억~1조 수준의 파라미터를 갖는 것으로 추정된다.

DeepSeek-V3는 14.8조 개의 토큰으로 학습된, 총 6,710억 개의 파라미터를 가진 Mixture-of-Experts(MoE)[15] 기반 대형 언어 모델(LLM)이다. DeepSeek-R1은 V3와 동일한 MoE 구조를 사용한 추론(Chain-of-Thought)과 수학 중심 작업에 특화된 모델이다.

GPT-3.5, GPT-4, DeepSeek-V3, DeepSeek-R1 모델은 각각 다음과 같은 특징을 갖는다.

GPT-3.5, GPT-4, DeepSeek-V3, DeepSeek-R1 모델의 특징

모델	출시 시기	주요특징	이용방식 및 요금체계
GPT-3.5	2022.11	빠르고 저렴한 실용형 대형 언어 모델(LLM)	웹/앱 챗봇 서비스 무료 제공 • API[16] 비용 : 입력 $0.0005 / 출력 $0.0015 per 1M tokens (1M tokens = 1,000,000 tokens)

---

[15] **Mixture of Experts(MoE)** : 여러 개의 전문가 네트워크(Experts, 특정 작업에 특화된 여러 개의 작은 모델들로 구성되어 있어 각각의 전문가 모델이 잘하는 특정 작업이나 역할을 맡아서 처리하는 네트워크)를 두고 입력에 따라 가장 적합한 전문가를 선택해서 조합함으로서 모델의 성능과 효율성을 극대화하는 방식이다.

[16] **API(Application Programming Interface)** : 응용 프로그램 인터페이스로 프로그램과 프로그램이 서로 대화할 수 있게 해주는 '메뉴판'과 같은 기능을 한다. 예를 들어 손님이 식당에 가서 음식을 주문하는 경우 손님은 프로그램 A(사용자 앱, 프

GPT-4 / GPT-4o	2023.03 (GPT-4) 2024.05 (GPT-4o)	범용으로 사용 가능한 최고성능을 가지며 **멀티모달**[17] 입력까지 지원하는 모델	웹/앱 챗봇 서비스 제공, GPT-4o 일부 무료 제공(사용량 제한) - Plus: $20/월(우선 처리 + 무제한 GPT-4o) - Pro: $200/월(o1-pro 등 고급 모델 무제한) • API 비용 : GPT-4o 입력 $2.5 / 출력 $10 per 1M tokens
DeepSeek -V3	2024.12	GPT-4 수준의 성능을 갖춘 오픈 소스 기반 범용 대형 언어 모델(LLM)로 코딩, 수학, 논리적 작업에 특화되어 있음.	웹/앱 챗봇 무료 제공 • API 비용 : 입력 $0.27 / 출력 : $1.1 per 1M tokens
DeepSeek -R1	2025.01	적은 라벨(정답) 데이터 의존으로도 고성능을 구현한 추론·수학 특화 모델	웹/앱 서비스 없음(API 전용) • API 비용 : 입력 $0.55 / 출력 $2.19 per 1M tokens • GPT-4o 대비 약 5배 저렴

론트엔드)가 되고, 주방은 프로그램 B(서버, AI모델)이 된다. 이때, 손님이 주문할 때 참고하는 메뉴판이 바로 API인 것이다. 손님은 메뉴판에 있는 항목만 보고 주문을 하면 되기 때문에, 복잡하게 주방에 들어가서 직접 요리할 필요 없이 요청만으로 결과물(음식)을 받을 수 있다. 이처럼 API는 프로그램끼리 정해진 방식으로 요청하고 응답을 주고받게 해주는 창구 역할을 한다. (API 비용 : 사용자가 요청한 만큼 서버가 일한 비용)

[17] **멀티모달(Multimodal)** : 텍스트, 이미지, 음성, 영상 등 서로 다른 형태(모달리티, Modality)의 데이터를 동시에 이해하거나 생성할 수 있는 모델을 말한다.

대형 언어 모델(LLM)의 성능은 MMLU로 확인할 수 있다. MMLU (Measuring Massive Multitask Language Understanding)는 대규모 언어 모델의 지식과 언어 이해 능력을 평가하는 데 사용되는 벤치마크[18]다. MMLU는 57개의 다양한 분야에 걸친 질문으로 대형 언어 모델(LLM)의 성능을 평가한다. MMLU의 수치가 높을수록 해당 모델의 정확도가 높다고 해석할 수 있다.

다음은 4개의 대형 언어 모델(LLM)의 성능 비교 차트를 나타낸다.

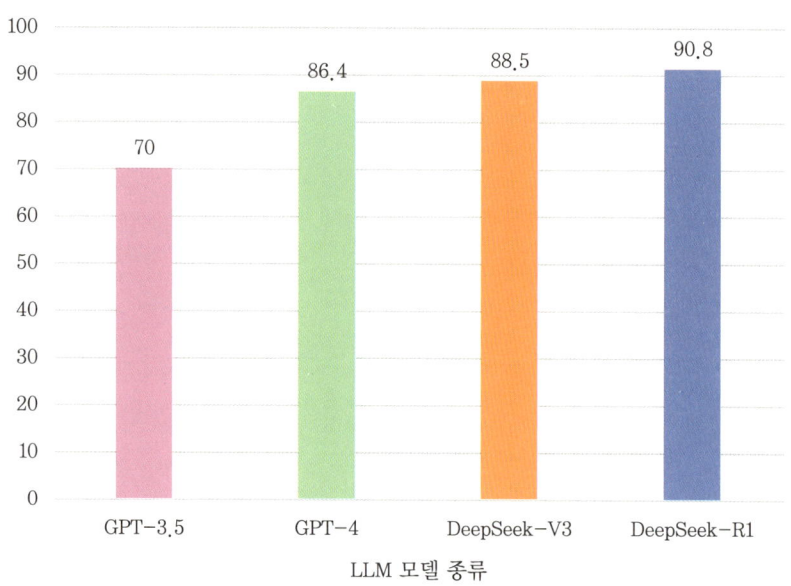

▲ 대형 언어 모델(LLM)의 MMLU 성능 비교

[18] 벤치마크(Benchmark) : 전자기기의 연산성능을 평가하여 수치화하는 것을 말한다.

위 차트의 수치는 각 모델의 MMLU 5-shot 기준 정확도다. 5-shot은 모델에게 질문-답변 예시 5개를 제공해 추론 패턴을 학습하도록 유도한 뒤, 새로운 질문에 스스로 답을 생성하게 하는 방식의 성능 평가 방법이다.

MMLU 5-shot 수치를 보면 DeepSeek-V3, R1의 모델 성능이 범용 최고 성능 챗봇이라고 인식되는 GPT-4의 성능을 넘어선 것을 확인할 수 있다.

DeepSeek는 2024년 12월 DeepSeek-V3 챗봇 모델을 출시한 뒤 연이어 2025년 1월 DeepSeek-R1 모델을 출시했다. DeepSeek의 챗봇 모델은 출시 직후 전 세계적으로 많은 사람들의 관심을 받았다. 실제로 2025년 1월 기준 월간 활성 사용자 수가 3,370만 명에 육박하였고, 2025년 4월 단숨에 글로벌 4위 AI 앱으로 등극하게 된 것이다.

그 이유는 DeepSeek가 오픈 소스로 고 사양의 챗봇 서비스를 제공했기 때문이다. 특히 DeepSeek의 V3 모델의 제작비용은 560만 달러(약 78억 원)에 불과한 것으로 알려졌다. 이는 OpenAI가 GPT-4 및 ChatGPT 개발에 투입한 50억 달러(약 7조 원)의 규모와 비교할 때 현저히 낮은 비용이었기 때문에, 기존 대형 AI 기업 중심의 구도가 흔들리며, 업계 전반에 적잖은 파장을 일으켰다.

그렇다면 중국은 어떻게 적은 개발 비용으로 고성능의 챗봇 모델을 만들어 낼 수 있었을까?

미국은 2022년부터 중국에 대한 고성능 그래픽카드 수출을 제한하고 있다. 이는 첨단 반도체 기술의 유출을 막고 국가 안보를 강화하기 위한 조치로 알려져 있다. 이러한 기술적 고립 상황 속에서 중국은 자국의 AI 연구 개발에 대한 지원을 아끼지 않았고, 자체적으로 저비용 고성능의 반도체를 개발할 수 있게 되었다. 그 결과 강력한 성능의 AI 챗봇 모델을 저렴한 비용으로 서비스할 수 있게 되었던 것이다. 특히 DeepSeek-V3 모델은 효율적인 모델 구조와 뛰어난 성능으로 코딩, 수학, 중국어 작업 등에서 경쟁 모델들과 견줄 만한 수준을 보여주고 있고, 오픈 소스로 공개함으로써 빠르게 사용자와 개발자층을 확보하게 되었다.

한편 DeepSeek에 대한 열띤 관심과 함께, 이를 둘러싼 다양한 논란 또한 국제적으로 화제가 되고 있다.

1. 중국 정치에 대한 데이터 검열

중국의 모든 생성형 인공지능은 '생성형 인공지능 서비스 관리 잠정 방법(生成式人工智能服務管理暫行办法)'과 같은 자국 내 규제를 받고 있다. 이로 인해 사용자와의 대화에서 중국 정치에 대한 부정적인 질문을 모니터링하고, 답변을 피하는 것이 아닌지에 대한 의혹이 있었다. 실제 사용 사례를 살펴보면 DeepSeek 모델은 시진핑 주석과 관련된 질문에는 답변을 하지 못했고, 중국 공산당에 대한 부정적인 답변을 피하는 모습을 보였다.

2. OpenAI 학습 데이터 무단 수집 의혹

"너는 누구야?"와 같은 사용자의 질문에 DeepSeek 모델은 본인이 ChatGPT라고 대답하는 사례가 있었다. 이러한 사례를 기반으로 OpenAI는 DeepSeek가 OpenAI 모델에서 AI 증류를 통해 OpenAI의 모델로부터 지식을 추출하여 학습했다고 주장했다. AI 증류(Distillation)란 대규모 AI 모델(Teacher)의 지식을 더 작은 모델(Student)에 전달하여 학습시키는 기술을 의미한다. 즉, OpenAI가 거액의 개발 비용을 들여 학습해둔 대규모 지식들을 DeepSeek가 학습하여 ChatGPT에 준하는 모델을 개발했다는 주장이 제기되고 있는 것이다.

3. 중국으로의 사용자 개인 정보 전송

DeepSeek는 다음과 같은 사용자의 데이터를 수집한다.

- 사용자 이메일 주소, 전화번호 및 생년월일
- 텍스트 및 오디오를 포함한 모든 사용자 입력 및 채팅 기록
- 휴대폰 모델, 운영체제(OS), IP주소, 키보드 입력 패턴 등과 같은 기술 정보

여느 챗봇 서비스와 비교해보았을 때, DeepSeek는 사용자의 키보드 입력 패턴과 같은 기술 정보를 수집하는 등 개인 정보 수집 범위가 매우 넓다. 키보드 입력 패턴의 경우 사용자가 자주 사용하는 키보드의 패턴 정보를 담고 있기 때문에 사용자들의 암호 정보 유출 가능성이 제기되고 있다. 더욱이 2024년 미국 보안기업의 분석에 따르면 DeepSeek는 사용자의 데이터를 국영 통신사 차이나모바일(중국이동통신, 中國移動通信)의 서버로 전송하는 코드를 포함하고 있는 것으로 확인되었다. 차이나모바일은 국영기업이기 때문에 중국 정부가 사용자 데이터를 언제든지 열람할 수 있다는 점을 시사한다.

이러한 논란으로 세계 각국에서는 자국민의 DeepSeek 사용을 제한하거나 금지하기도 했다. 실제로 이탈리아, 한국, 대만, 호주, 미국 등 주요 국가와 기관들이 공식적으로 DeepSeek 사용을 금지하거나 차단하는 조치를 취했다.

DeepSeek의 창업자인 량원펑(梁文锋)은 "전 세계에 AGI[19]를 오픈 소스로 제공하는 것이 목표"라고 밝혔고, 실제로 DeepSeek에서 개발된 다양한 모델들은 오픈 소스로 배포되고 있다. 이로 인해 DeepSeek가 고성능 AI 서비스의 대중화를 이끌어낸다는 긍정적인 평가도 있다. 하지만 데이터 수집 방식, 검열 리스크, 정치적 활용 가능성 등과 같은 윤리적 우려가 제기되는 상황 속에서 DeepSeek가 기술적 진보

---

[19] **AGI(Artificial General Intelligence, 인공지능 일반)** : AGI는 사람처럼 광범위한 문제를 스스로 이해하고 해결할 수 있는 범용 인공지능을 말한다.

뒤에 감춰진 민감한 이슈들을 어떻게 해소할 것인지가 향후 기업 성장의 분수령이 될 것으로 보인다. 실제로 키보드 입력 패턴 정보 수집에 대한 논란이 국제적으로 거세지자 DeepSeek 측은 2025년 2월, 이용자 키보드 입력 패턴 수집 약관을 삭제했다.

DeepSeek가 전 세계 수많은 사람들이 고성능 AI 챗봇을 무료로 사용할 수 있는 기회가 될지, 아니면 사용자도 모르게 수집되고, 모니터링된 정보가 결국 감시의 올가미가 될지는 전 세계가 주목해야 할 중요한 사안이다.

4장

우리 일상 속의 AI

우리 일상 속의 AI

🤖 가정에서 만나는 AI

AI 기술이 누군가에게 여전히 낯설고 어렵기만 한, '나와는 거리가 먼 기술'처럼 느껴질 수 있다. 하지만 실제로 AI 기술은 이미 우리의 일상 속에 자연스럽게 스며들어 있다.

AI 기술과 함께하는 직장인 K씨의 하루 일상을 예시로 살펴보자.

아침이 되면, AI 스피커에서 부드러운 음악과 함께 알람을 울린다. 잠에서 깬 K씨가 이불을 정리하면서 "오늘 날씨 어때?"라고 묻자, AI 스피커는 온도와 강수 확률은 물론 날씨에 맞는 옷차림까지 조언해준다.

부엌으로 향하면 커피머신이 따뜻한 커피를 준비하고 있다. 전날 밤, "내일 아침 7시에 커피 내려줘."라고 말해 두었을 뿐인데, 정확한 시간에 향긋한 커피 향이 주방 가득 퍼진다. 냉장고 문을 열면 "우유가

곧 떨어집니다."라는 알림이 냉장고 디스플레이(화면)에 떠 있고, 냉장고에 남아 있는 식재료를 기반으로 AI가 추천하는 요리 메뉴도 함께 나타난다.

▲ 직장인 K씨의 하루

K씨가 출근한 뒤에는 집이 조용히 움직이기 시작한다. 로봇청소기가 집안 곳곳의 바닥을 누비며 바닥 청소를 하고, 보안 카메라는 외부 움직임을 감지해 스마트폰으로 실시간 알림을 K씨에게 보낸다. 심지어 K씨 가족의 얼굴을 인식해 누가 집에 들어왔는지에 대한 정보까지 알려준다. 이런 일들이 이전까지는 공상과학 영화 속에나 나올 법한 일이었지만, 지금은 그저 평범한 일상이 된 것이다.

저녁이 되면, 거실 TV는 K씨의 취향을 파악해 볼 만한 콘텐츠를 추천해준다. 넷플릭스나 유튜브는 K씨가 이전에 무엇을 즐겨 봤는지를 학습하고, 다음 콘텐츠를 제안한다. 때로는 K씨가 보고 싶은 줄도 몰랐던 영상이 AI의 추천으로 이어지기도 한다.

심적으로 힘든 하루를 보낸 K씨가 스마트폰에 설치된 ChatGPT에게 사람과 대화하듯 고민을 털어놓는다. ChatGPT는 K씨의 고민을 듣고, 고민의 원인을 물어보거나 기분전환 방법을 제시하는 등 진지하게 상담을 해준다. ChatGPT와 대화하며 고민 상담을 하고 나니 K씨의 기분이 한결 나아지는 듯하다.

K씨가 침실에 들어서면 조명이 점차 어두워지고, AI 스피커는 명상 음악이나 잔잔한 수면 사운드를 틀어준다. 이렇게 K씨는 하루를 마무리하게 된다.

이처럼 AI 기술은 더 이상 소수만을 위한 접하기 어려운 기술이 아니다. AI는 우리 집, 우리 가족의 하루 곳곳에 조용히 녹아들어 우리의 생활을 더 편리하고 풍요롭게 만들어준다. 말 한마디, 손짓 하나로 움직이는 기술은 어느새 우리가 느끼지 못하는 사이에 일상의 일부가 되어버린 것이다.

다음은 가정에서 사용되고 있는 다양한 AI 기술을 사례를 나타낸다.

🔍 가정에서 활용되는 AI 기술 사례

구분	구체적 AI 기술 및 사례	기능
스마트 스피커	아마존 Alexa, 네이버 클로바, 구글 어시스턴트	음성 인식 및 자연어 처리, 음악 재생, 날씨 확인, 알람 설정 등
가전제품 제어	AI 냉장고, 에어컨, 로봇청소기	사용자의 패턴 분석, 자동 온도 조절, 경로 최적화 등
AI 카메라 및 보안 시스템	얼굴 인식 초인종, 실내 모니터링 CCTV	외부 침입 감지, 가족 식별, 스마트 알림 기능 등
TV 및 콘텐츠 추천	유튜브, 넷플릭스 알고리즘	시청 습관 분석 → 개인 맞춤 콘텐츠 추천
AI 홈 트레이닝 및 건강 관리	스마트워치, AI 트레이너 앱	심박수·운동량 분석, 건강 피드백 제공 등
음성 비서 및 챗봇	일정 관리, 메시지 읽기 등	수동 입력 없이 손쉽게 음성으로 실행

가정에서 활용되는 AI 기술은 현재 수준을 뛰어넘어 보다 다양하고 현실적인 방향으로 진화할 것으로 전망된다.

아마도 지금 이 순간에도 누군가는 말할 것이다. "AI? 그거 나와는 상관없는 거잖아." 하지만 그의 손목에는 스마트워치가 채워져 있고, 그의 집 인공지능 스피커는 벌써 다음 명령을 기다리고 있을지 모른다.

🤖 학교에서 가르치는 AI

국내에서 교육부가 '2015 개정 교육과정'을 발표하면서 소프트웨어(코딩) 교육이 초·중학교 정규 교육과정에서 처음으로 필수화되었다. 실제로 2018년부터 초등 5~6학년과 중학교에서 단계적으로 필수 코딩교육이 시행되고 있고, 2025년에는 고교학점제[1]가 전면 도입됨에 따라, 고등학교에서도 소프트웨어·AI 과목 수강 기회가 더욱 확대될 예정이다.

교육부는 소프트웨어(코딩) 교육을 정규 교육과정에 필수화한 이유로, 4차 산업혁명에 대비한 미래 인재 양성을 들며, 학생들의 컴퓨팅 사고력과 문제 해결력 등 핵심 역량을 강화하고, AI·빅데이터·IoT 등 미래 직무에 필요한 기초 소양을 함양하기 위함이라고 밝혔다.

이처럼 전 세계적으로 AI 기술이 발달하고, 학생들이 갖춰야 할 미래 역량으로 AI 관련 기술의 필요성이 대두됨에 따라 학교에서도 다양한 형태로 AI 기술이 활용되고 있다.

다음은 실제 국내외 교육현장에서 활용되고 있는 AI 기술의 예시를 나타낸다.

---

[1] **고교학점제** : 고등학생이 자신의 진로와 적성에 따라 과목을 선택해 수강하고, 정해진 학점을 이수하면 졸업하는 제도이다. 현재 일부 시범학교에서 시행 중이며, 2025년부터 전국 모든 일반계 고등학교에서 전면 시행된다.

1. 서울시 중학교의 AI 학습분석 시스템 도입

2024년 서울시교육청의 미래역량 강화 교육의 일환으로 서울 양천구의 신서중학교에서는 AI 학습자 분석 시스템을 활용한 AI ALC(Active Learning Class) 영어 수업을 진행했다. AI ALC는 AI 기술을 활용한 학생 중심 참여 수업으로 AI 기술을 통해 학생들의 수업 참여도를 실시간으로 분석하여 맞춤형 피드백을 제공하는 학습 방식이다. 해당 수업에서 AI는 학생들의 토론, 발표 등 수업 중 활동 내역을 분석하여 각 학생의 참여도, 상호작용 수준 등을 종합적으로 평가하고 이를 바탕으로 교사와 학생에게 맞춤 피드백을 제공하게 된다. 이 시스템은 '학생 맞춤형 학습 설계'와 '교사의 수업 효율성 향상'이라는 두 가지 목적을 동시에 달성하기 위한 것으로, 이후 교육 현장에서 다양한 프로그램의 형태로 AI 기술이 학습 지원에 활용되고 있다.

2. 부산시 고등학교의 AI 면접 교육 프로그램

부산광역시교육청은 일부 고등학교에서 AI 면접 시스템을 도입해 진로 교육에 활용하고 있다. AI 면접 시스템을 통해 학생은 화상 면접 시스템에 접속하여 가상의 AI 면접관과 대화하고, 표정, 시선 처리, 사용 언어 등을 분석한 결과를 피드백으로 받는다. 이는 실제 대학 입시 또는 취업을 준비하는 학생에게 실질적인 훈련 기회를 제공하고, AI가 학생의 면접 보완점을 분석하여 개선 방안을 제안하는 새로운 면접 지도 방식이다.

3. 광운 인공지능고등학교의 전공형 AI 융합 교육

2022년 교명을 변경한 '광운 인공지능고등학교'는 국내 최초로 AI 전문 고등학교로 지정되면서 파이썬, 머신러닝, 데이터 분석, 인공지능 수학 등 AI 중심 과목을 정규 교육과정으로 운영하고 있다. 학생들은 NVIDIA Jetson[2], 아두이노(Arduino)[3] 등 실제 디바이스(device, 장치)를 활용한 실습형 프로젝트를 수행하고, 졸업 후에는 AI 관련 산업계 진출 또는 특성화 대학 진학을 목표로 한다.

4. 미국 캘리포니아 칸 랩 스쿨의 AI 튜터 활용

미국 실리콘밸리 마운틴 뷰에 위치한 칸 랩 스쿨(Khan Lab School)에서는 수학 및 과학 수업에서 AI 기반 튜터링 시스템(칸미고, Khanmigo[4])을 도입하여 활용하고 있다. AI 튜터(Tutor, 과외 선생님)를 활용하면 학생들이 문제를 풀이하는 과정에서 AI 튜터가 실시

---

[2] **NVIDIA Jetson** : NVIDIA에서 개발한 AI 엣지 컴퓨팅 플랫폼으로 GPU(그래픽처리장치)가 내장되어 있어 딥러닝, 컴퓨터 비전, 로봇 제어 등에 적합하다. (AI 엣지(Edge) 컴퓨팅 : 데이터가 생성되는 현장(엣지)에서 인공지능(AI)을 실행하는 기술로 데이터를 중앙 서버나 클라우드에 보내지 않고, 현장에서 직접 판단하거나 예측한다.)

[3] **아두이노(Arduino)** : 오픈 소스 기반의 마이크로컨트롤러 보드로서 코딩을 통해 아두이노와 연결된 다양한 센서들을 제어할 수 있다.

[4] **칸미고(Khanmigo)** : 칸 아카데미(Khan Academy)와 OpenAI가 공동 개발한 AI 기반 튜터 시스템이다.

간으로 힌트를 제공하거나 논리 오류를 지적해준다. 또한 시뮬레이션, 시각 자료를 활용한 양방향 학습을 제공하여 학생들의 참여를 유도함으로써 개인 맞춤형 자기주도 학습을 지원한다.

5. 홍콩 학교의 감정 인식 AI를 통한 학습 몰입도 분석

홍콩의 일부 학교에서는 AI 기반 감성 인식 플랫폼 '포 리틀 트리(4 Little Trees)'를 활용해 학생의 표정, 시선, 자세 등 비언어적 감정표현을 실시간으로 분석하여 수업 참여도나 집중도를 측정하고 있다. 분석된 결과는 교사에게 실시간으로 전달되어 교사는 특정 학생의 몰입이 떨어지는 구간에서 수업 방식을 조정하거나 학습 활동을 재구성하는 데 활용한다. 이러한 방식은 'AI 기반 감성 피드백 시스템'의 대표적인 예시로 꼽힌다.

6. 중국 학교의 AI 기술 활용

중국 항저우에 위치한 항저우 빈원중학교(Hangzhou Binwen Middle School, 杭州濱文中学)는 스마트 교실을 구축해 교사와 학생의 관점에서 수업 전, 수업 중, 수업 후로 수업 과정을 분석하고, 학생의 학습 진도에 맞는 차별화된 과제를 제공한다.

항저우 춘후이초등학교(Hangzhou Chunhui Primary School, 杭州市春晖小学)에서는 AI 에세이 채점을 위해 Wenqu Zhiyue 소프트

웨어를 사용한다. 해당 소프트웨어는 교사들의 채점 업무 부담을 줄여 준다는 긍정적인 평가를 받고 확대 운영되고 있다.

국제 교육 리서치 기관인 Digital Education Council(DEC)의 조사에 따르면 2024년 기준 전 세계 학생들의 AI 학습 도구 활용률은 약 86%에 이른다.

여기서 말하는 AI 학습 도구(AI learning tool)란 학생 맞춤형 학습을 위해 AI 기술이 내장된 교육 플랫폼 또는 앱(APP)을 의미한다.

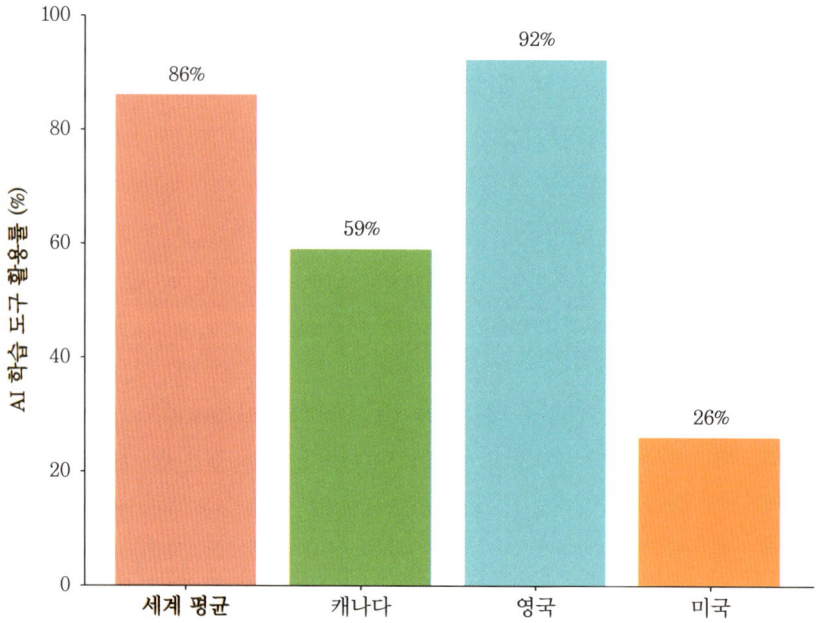

▲ 주요 국가 학생들의 AI 학습 도구 활용률(2024)

Source: Digital Education Council(Global avg), KPMG(Canada), HEPI & Kortext(UK), Pew Research Center(USA)

AI 학습 도구에는 문제 추천, 자동 채점, 챗봇 튜터(Tutor), 진도 분석 등의 기능이 포함된다.

주요 국가별 교육조사 기관에 따른 통계 자료를 살펴보자.

캐나다의 KPMG에 따르면 대학 및 고등학생들의 약 59%가 AI 학습 도구를 사용 중인 것으로 나타났으며, 영국의 HEPI-Kortext 조사에서는 대학생의 92%가 생성형 AI 모델을 학습에 활용하고 있다고 보고되었다. 또한, Pew Research Center의 조사에 의하면 미국 13~17세 청소년 중 약 26%가 과제 수행에 ChatGPT와 같은 AI 학습 도구를 활용하는 것으로 조사되었다.

앞서 언급한 사례와 같이 AI 기술은 교육현장에서도 활발히 활용되고 있다. 특히, 다양한 형태의 'AI 선생님'이 등장하면서 학생들은 원하는 시간에 자신에게 맞는 방식으로 학습할 수 있게 되었고, 이는 개인 맞춤형 교육의 실현 가능성을 높이고 있다. 이러한 환경은 학생들의 학습 효율을 향상시키는 것뿐만 아니라 창의적 사고력 향상에도 긍정적인 영향을 미칠 것으로 기대된다.

🤖 기업에서 일하는 AI

시대의 흐름과 트렌드에 가장 민감하게 반응하는 분야는 단연 기업이 활동하는 산업 현장이라고 할 수 있다.

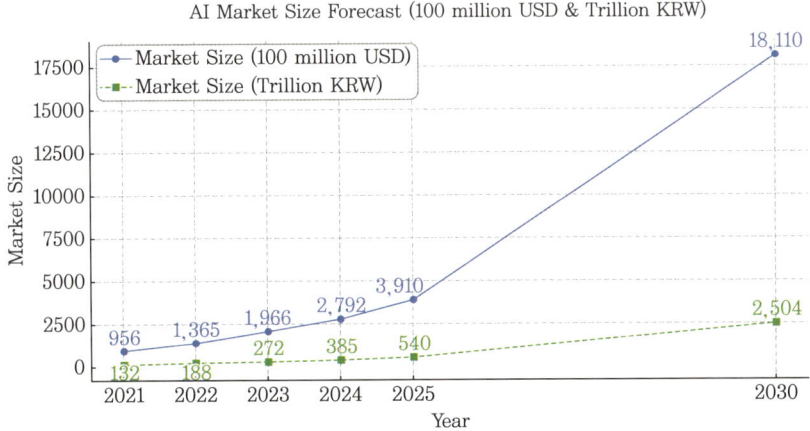

연도	USD 기준	한화 기준
2021	956억 달러	약 132조 원
2022	1,365억 달러	약 188조 원
2023	1,966억 달러	약 272조 원
2024	2,792억 달러	약 385조 원
2025	3,910억 달러(예측)	약 540조 원
2030	1조 8,110억 달러(예측)	약 2,504조 원

▲ 연도별 글로벌 AI 시장 규모
Source: Grand View Research(2024), Statista

대부분의 기업은 영리 기관으로서, 수익을 창출하기 위해 변화하는 사회적 요구와 소비자 수요를 빠르게 파악하고, 이에 부합하는 제품과 서비스를 제공해야 하기 때문이다.

해외 주요 시장조사기관들의 분석에 따르면 글로벌 AI 시장은 향후 수년간 고성장을 지속할 것으로 전망된다. Grand View Research[5], Fortune Business Insights[6], Precedence Research[7], Statista[8] 등 공신력 있는 리서치 기관들의 보고서를 종합해보면 2021년 약 956억 달러 규모였던 시장은 2030년까지 약 1조 8,110억 달러 규모로 성장할 것으로 예측된다. 이는 연평균 약 36%의 높은 성장률(CAGR[9])에 해당하며, 산업 전반에 걸쳐 AI 기술의 채택과 투자가 빠르게 확산되고 있음을 보여준다.

그렇다면 AI 기술을 활용하는 국내외 기업들은 어떤 변화를 맞고 있을까?

---

[5] Grand View Research : 미국 캘리포니아에 본사를 둔 대표적인 시장조사 전문기관으로 기술, 헬스케어, 소비재 등 다양한 산업 분야의 시장 분석 보고서를 제공한다.

[6] Fortune Business Insights : 인도에 본사를 둔 글로벌 시장조사 전문기관으로 주요 산업의 성장 동향, 시장 규모, 경쟁 구도를 다루는 리서치 보고서를 발간하고 있다.

[7] Precedence Research : 캐나다 기반의 독립 시장조사기관으로 글로벌 산업 전반에 대한 시장 규모 분석, 성장 전망 등 트렌드 예측 보고서를 발간한다.

[8] Statista : 다양한 주제와 산업군에 대한 비즈니스 데이터를 제공하는 데이터 플랫폼이다.

[9] CAGR(Compound Annual Growth Rate, 연평균 복합 성장률) : 투자금, 매출, 시장 규모 등이 특정 기간 동안 매년 일정한 비율로 성장했다고 가정했을 때의 연평균 성장률을 의미한다.

AI 기술이 고도화됨에 따라 국내외 기업들은 운영방식, 제품 서비스, 조직 구조, 심지어 기업 전략까지 전체적인 부문에서 변화하고 있다. 기업에서의 AI 기술 활용도는 단순 자동화를 넘어서 경영 의사결정, 고객 경험, 연구 개발, 신사업 창출까지 확장되고 있다. 다음은 국내외 기업의 AI 기술 도입 사례를 나타낸다.

1. 고객 서비스 자동화 및 개인화

다양한 기업에서 고객센터 인력을 대체하거나 보조하는 AI 챗봇 도입을 확대하고 있다. AI 챗봇은 단순 상담을 넘어 고객의 감정 분석, 맞춤형 응답, 음식인식 등의 업무 처리가 가능하다.

🔍 고객 서비스 자동화 및 개인화 기업 사례

- **카카오** : **카카오 i**[10]를 기반으로 한 챗봇을 통해 고객 문의를 자동으로 처리하고, 은행, 쇼핑, 택시 등의 기능과 연계된 서비스 제공
- **신한은행** : 사람 대신 전화를 걸고 받을 수 있는 AI 콜봇(Callbot)을 통해 고객 대기 시간을 50% 단축하여 고객 만족도 상승
- **아마존(Amazon)** : **Alexa**[11]와 연동된 고객지원 챗봇이 음성 기반으로 주문 및 문의 처리

---

[10] **카카오 i** : 카카오의 인공지능 플랫폼 브랜드이다. 카카오는 음성 인식, 자연어 처리, 이미지 분석, 추천 시스템 등 다양한 AI 기술을 통합해 '카카오 i'라는 이름으로 서비스 및 API 형태로 제공한다.

[11] **Alexa(알렉사)** : 아마존(Amazon)이 개발한 AI 기반 음성 비서 서비스로 사용자의 음성 명령을 인식해 다양한 기능을 수행한다.

2. 개인 맞춤형 서비스 제공

다양한 기업에서 AI를 활용해 제품을 개인화하거나 실시간 분석을 기반으로 한 맞춤형 콘텐츠를 제공한다.

🔍 개인 맞춤형 서비스 제공 기업 사례

- 넷플릭스(Netflix) : 사용자의 시청 이력을 기반으로 한 콘텐츠 추천 알고리즘
- 쿠팡(Coupang) : AI가 고객 구매 이력을 분석하여 상품 추천 및 **마케팅 자동화(Marketing Automation)**[12] 서비스 제공
- Apple : **온디바이스(On-device) AI**[13] 기반으로 사용자의 행동 패턴을 분석해 최적화 Siri 기능 제공

3. 생산성 및 운영 효율화

기업 제조공정에서 AI 기술을 기반으로 예지 보전[14], 비전 검사[15], 로봇 자동화를 통해 생산성을 향상시킨다.

---

[12] **AI 마케팅 자동화(Marketing Automation)** : AI 기술을 이용해 반복적이고 규칙적인 마케팅 활동을 자동으로 수집하는 방식이다. 이를 통해 기업은 사람의 개입이 없이도 고객 데이터를 분석하고, 적절한 시간에 맞춤형 메시지를 전달해 고객 전환율을 높이고 기업 운영 효율을 극대화할 수 있다.

[13] **온디바이스 AI(On-device AI)** : 클라우드 서버가 아닌 기기 자체(스마트폰, 태블릿, 노트북 등)에서 실시간으로 직접 AI 연산을 수행하는 기술이다.

[14] **예지 보전(Predictive Maintenance)** : 설비 및 장비가 고장나기 전에 AI 기술과 센서 데이터를 활용하여 고장을 예측하고 미리 정비하는 방법을 말한다.

[15] **비전 검사(Vision Inspection)** : 제조업 등 산업 현장에서 AI 또는 컴퓨터 비전 기술(이미지 분석 기술)을 이용해 제품의 외관을 자동으로 검사하는 기술이다.

생산성 및 운영 효율화 기업 사례

- **삼성전자** : 반도체 공정에 AI 비전 검사도입으로 불량률 감소 및 **수율**[16] 향상
- **현대자동차** : AI 기반 로봇팔 제어 시스템 도입으로 조립 속도 및 정확도 증가
- **Amazon 물류센터** : **Kiva 로봇**[17]과 **AI 물류 최적화 시스템**[18] 도입

4. 조직구조 및 인력 구조 변화

기업 내의 반복적인 업무를 자동화하고, AI 기획 및 운영 전문가와 같은 신규 인재 채용을 확대한다.

조직구조 및 인력 구조변화 기업 사례

- **마이크로소프트(Microsoft)** : 'Microsoft AI' 조직 신설, 딥마인드 · 인플렉션 공동창업자 무스타파 술레이만과 카렌 시모냔 등 핵심 인재를 대규모 영입
- **나이키(Nike)** : 운동선수의 데이터를 기반으로 AI를 활용하여 제품을 디자인하고 개발함으로써 제품 디자인 및 개발 시간을 단축시켜 디자이너가 창의적인 작업에 집중할 수 있음
- **삼성 SDS** : 문서 요약 및 보고서 작성 업무를 AI가 자동으로 수행하도록 시스템을 도입하였으며 이에 따라 해당 인력은 전략 기획 등 창의적 업무에 재배치됨

---

[16] **수율(收率, Yield)** : 전체 생산 공정에서 정상 제품(양품)이 차지하는 비율을 말한다. 즉, 불량 없이 제대로 만들어진 제품의 비율을 의미한다.

[17] **Kiva 로봇** : 아마존이 물류센터 자동화를 위해 도입한 이동형 로봇 시스템이다. 이 로봇은 상품이 보관된 선반(rack)을 직접 들어서 작업자에게 가져다주는 방식으로 작동한다.

[18] **AI 물류 최적화 시스템** : AI 기술을 활용해 상품의 입고, 보관, 피킹(picking), 포장, 배송, 재고관리 등을 최적의 효율로 자동 처리하는 전체 물류 체계를 말한다.

5. 연구 개발 및 신사업 창출

기업들은 AI 기술을 활용하여 신제품을 개발하고, 기존 서비스 고도화시키고 있다. 또한, AI 자체를 서비스로 제공하는 신규 기업들이 등장했다.

🔍 연구 개발 및 신사업 창출 기업 사례

- OpenAI : ChatGPT와 API 형태의 LLM 서비스를 기업 대상으로 판매
- NAVER : **하이퍼클로바 X**[19]를 활용한 검색, 번역, 광고 문구 생성 도구 서비스화
- 루닛(Lunit) : AI 기반 의료영상 분석을 자체 제품화, 글로벌 병원에 공급

6. 데이터 기반 의사결정과 예측 강화

기존에는 기업의 경험에 의존했던 판단이 AI 기반 실시간 분석 데이터에 근거하여 결정되고 있다.

🔍 데이터 기반 의사결정과 예측 강화 기업 사례

- 토스(Toss) : 고객의 소비 패턴, 신용도, 금융 이력을 AI가 분석해 대출 한도 및 금리 자동 제안
- 유튜브(Youtube) : AI 추천 알고리즘을 사용자에게 제공함으로써 사용자 이탈률 최소화
- 월마트(Walmart) : 제품 재고 예측, 날씨 정보, 지역별 소비 트렌드를 통합 분석하여 유통 공급망을 최적화

---

[19] **하이퍼클로바 X(HyperCLOVA X)** : 네이버가 자체 개발한 국내 초대형 언어 모델(LLM)이다.

AI 기술의 발전은 단순히 기술을 도입하는 수준을 넘어 기업의 핵심 경쟁력과 전략에 근본적인 변화를 가져오고 있다. AI는 더 이상 보조 수단이 아닌 경영의 주체로 떠오르고 있으며, 국내외 모든 산업에서 그 흐름은 가속화될 것으로 예측된다.

병원에서 분석하는 AI

의학은 인간의 생명을 직접적으로 다루는 학문으로서 인류가 건강하고 안정된 삶을 영위함에 있어 반드시 필요한 분야이다. 이러한 의학 분야에 종사하는 의사는 환자의 생명에 직결되는 판단을 내리기 때문에 무엇보다 정확한 사실과 과학적 근거에 기반한 의학적 판단이 요구된다.

또한, 의사의 판단이 환자의 예후에 지대한 영향을 줄 수 있고, 의료기술 발전으로 다양한 치료법이 지속적으로 개발되기 때문에 의료진은 끊임없이 연구하고 공부해야만 한다.

이처럼 고도의 전문성과 임상 경험이 축적된 의료행위에 있어서는 AI 기술이 적용되기 어렵다는 인식이 지배적이었다. 그러나 최근에는 병원에서도 AI 기술이 다양한 형태로 활용되고 있다.

그렇다면 병원에서는 AI 기술이 어떻게 활용될까? 다음은 국내외 병원에서 활용되는 AI 기술의 사례이다.

1. 의료 영상 분석 및 진단 보조

구분	기관	설명
국내	루닛(Lunit)	• 기술 : 흉부 X-ray, 유방촬영(Mammography) 영상에서 암 의심 부위를 AI가 자동으로 탐지 • 효과 : 의료진의 판독 정확도 향상 및 시간 단축 • 활용 : 실제 영상의학과의 진단 보조 시스템으로 활용 중 • 활용 기관 : 서울대병원, 아산병원 등
해외	Mayo Clinic (미국)	• 기술 : Google Health 및 DeepMind와 협력하여 **병리**[20] 이미지, 안과(眼科) 영상, 의료 데이터를 AI로 분석 • 효과 : 진단 정확도 향상, 조기 진단 가능성 증대, 환자 상태 예측 • 활용 : 병리, 안과, 예후 분석 분야에서 임상 적용 중 • 활용 기관 : 미국 Mayo Clinic

---

[20] **병리(病理, pathology)** : 질병이 발생하고 진행되는 원인과 과정, 변화 양상을 연구하는 의학 분야이다.

2. 정밀 병리 진단

구분	기관	설명
국내	뷰노(VUNO)	• 기술 : 디지털 병리 슬라이드를 분석해 암세포의 분포, 밀도, 등급 자동 판독 • 효과 : 병리과 전문의의 판단을 보조하여 객관적 지표 제공 • 활용 기관 : 서울성모병원, 서울아산병원
해외	Paige.AI(미국)	• 기술 : AI 기반 병리조직 분석기술로 AI 병리 진단 소프트웨어로서 최초로 FDA(미국 식품의약국) 승인 획득 • 효과 : 전립선암 진단 정확도 90% 이상 달성 • 활용 기관 : 미국 Mount Sinai 병원

3. 예후 예측 및 치료 경로 추천

구분	기관	설명
국내	삼성서울병원	• 기술 : AI 기반 심부전 예후 분석 시스템으로 심부전 환자의 수술 후 회복 가능성과 사망률을 예측 • 효과 : 환자별 최적의 치료 경로 제안 가능
해외	Mayo Clinic(미국)	• 기술 : 환자의 수술 후 회복 결과를 AI로 예측하는 모델 도입(예: 감염 위험, 입원 기간, 회복 속도 등) • 효과 : 위험 환자 조기 식별을 통해 감염 예방, 회복 지원 등 선제적 의료 개입 가능

4. AI 로봇을 통한 환자 관리

구분	기관	설명
국내	용인 세브란스병원	• 기술 : 이송 로봇 '이송이'는 검체를 검사실로 운반하거나 약품을 각 진료과로 전달하는 등의 업무를 수행 • 효과 : 간호사의 업무 부담 경감
해외	소프트뱅크 로보틱스 (일본, SoftBank Robotics)	• 기술 : 'Pepper' 로봇은 사람의 얼굴 표정과 음성을 인식해 간단한 대화를 수행할 수 있는 감정 인식형 AI 로봇 • 효과 : 병원 운영 효율성 향상 및 환자 만족도 제고(提高) • 활용 : 일본 내 일부 병원 및 약국 등에서 외래 환자 안내, 진료 절차 설명, 대기 시간 응대, 병원 홍보 콘텐츠 제공 등에 활용

5. 행정 자동화 및 문서 요약

구분	기관	설명
국내	서울아산병원	• 기술 : 음성 데이터 분석을 통해 의료진, 환자 대화 요약 및 의무기록 자동 저장 시스템 • 효과 : 의료진의 의무기록 작성 시간 및 오류 감소, 진료 집중도 및 행정 효율 향상
해외	Nuance (미국, Microsoft 산하)	• 기술 : 음성 기반 진료 기록 작성 자동화로 의사의 진료 내용을 음성 인식으로 실시간 기록하여 전자차트(EMR)에 자동 입력하는 시스템 • 효과 : 진료 중 수기로 기록하는 업무를 줄여 의료진의 피로도를 낮추고, 기록 누락 가능성 감소

2024년 기준, 정부·산업·기술 전반의 AI 활용도를 평가하는 세 기관의 데이터 — Oxford Insights(Government AI Readiness Index), BCG(AI Maturity Matrix), Tortoise Media(Global AI Index) — 에 따르면, 주요 국가들의 병원 AI 기술 도입 비율은 다음과 같다.

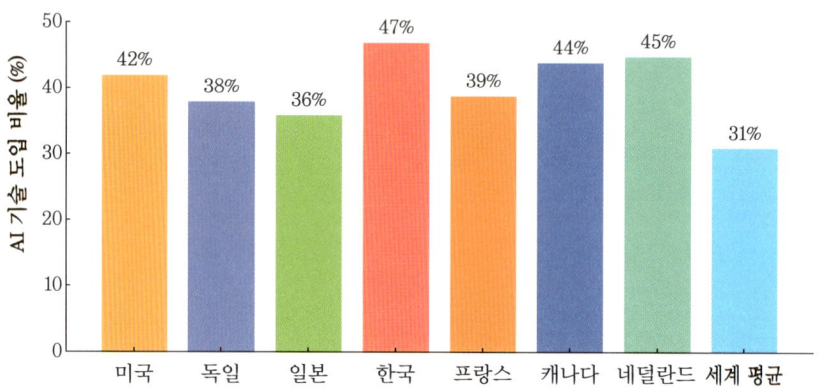

국가	도입률(%)
미국(USA)	42%
독일(Germany)	38%
일본(Japan)	36%
한국(South Korea)	47%
프랑스(France)	39%
캐나다(Canada)	44%
네덜란드(Netherlands)	45%
Global 평균	31%

▲ 국가별 병원 내 AI 기술 도입 비율

Source: AllAboutAI(2024), based on Oxford Insights & BCG AI Maturity Matrix

차트에 따르면 2024년 기준 전 세계 병원의 평균 AI 기술 도입률은 약 31% 수준으로 나타났다. 이는 국제적으로 병원 내 AI 기술 도입이 아직 초기 단계에 머무르고 있음을 시사하지만, 의료 환경의 디지털화와 AI 기반 진료 시스템의 효율성이 주목받고 있는 만큼 향후 AI 도입률은 점차 증가할 것으로 전망된다.

앞서 소개한 사례들에서 확인할 수 있듯이 AI 기술은 현대 의료 분야에서 효율적인 보조 수단으로 적극적으로 활용되고 있다.

특히 병원 현장에서 도입되고 있는 AI 기술은 의료진의 판단이나 행위를 대체하는 것이 아닌 보다 정밀한 근거 기반의 의사결정을 지원하는 도구로 기능하고 있다는 특징이 있다.

하지만 환자의 생명과 직결되는 임상 판단에 AI를 어떻게 그리고 어느 수준까지 적용할 수 있을지에 대한 논의는 여전히 진행 중이며, 향후 의료 윤리와 책임 소재 등과 맞물려 우리가 풀어야 할 중요한 과제로 남아 있다.

그럼에도 불구하고, AI가 지닌 정밀성(accuracy), 효율성(efficiency), 확장성(scalability)이라는 기술적 강점은 향후 의료 서비스 질의 향상과 병원 운영방식 전반에 걸쳐 중대한 영향을 미칠 것으로 예측된다.

5장

AI 시대, 우리는 어떻게 살아야 할까?

5장

AI 시대, 우리는 어떻게 살아야 할까?

🤖 인간과 AI, 역할 나누기

급격하게 발전하고 있는 AI 기술을 보며 거부감이나 두려움을 느끼는 독자들도 있을 것이다. 과학기술의 발전으로 인류가 편리한 삶을 영위하고 있는 것은 사실이지만 그 변화의 속도가 너무 빠르다보니 현재 상황에 맞는 새로운 제도나 인식의 기준점이 모호해지는 경우가 자주 발생하기 때문이다. 즉, 현재는 어떤 관점으로 어떻게 AI를 받아들여야 할지에 대한 대중적인 지표가 사실상 부재하다고 할 수 있다.

대중을 대상으로 시행되는 새로운 제도의 정립과 실현에는 일정 시간이 불가피하게 소요된다. 이러한 이유로 AI 기술의 변화 속도를 제도적 장치가 따라잡기 어려워 시기적 간극이 발생하게 된다.

이미 우리의 삶 곳곳에 스며들어 있는 AI 기술을 보며 누군가는 머지않아 대부분의 직업군에서 AI가 인간을 대체하는 날이 올 것이라는 우려 섞인 예측을 하기도 한다.

그렇다면 AI 시대에서 우리는 어떻게 살아가야 할까?

가장 중요한 것은 인간과 AI의 역할을 나누는 것이다. 인간과 AI의 강점을 파악하여 서로 '잘 하는 일'을 함께 그리고 효율적으로 해나가면 되는 것이다.

AI의 강점은 입력된 데이터를 연산하여 정확한 출력값을 도출하는 데 있다. 이러한 출력값은 학습에 사용된 데이터가 양질이며, 그 양이 방대할수록 더욱 정확해진다. 또한, AI는 반복적이고 정형화된 작업에 특화되어있다. 그로 인해 반복적인 업무는 AI에게 분담하고 인간은 보다 고차원적인 업무에 집중할 수 있다.

▲ AI는 인류에게 두려운 존재일까?

반면, 인간의 강점은 창의적인 사고력과 종합적인 판단 능력이다. AI는 번역, 음성 인식, 이미지 분석 등 학습된 특정 분야에서는 매우 뛰어난 성능을 보인다. 하지만 인간은 다양한 분야에 걸쳐 새로운 아이디어를 생성하고, 이를 바탕으로 전체적인 맥락을 고려한 판단을 내릴 수 있다.

따라서 인간이 판단을 내릴 때 단순히 경험에만 의존하지 않고, AI가 분석한 정확한 근거 자료를 바탕으로 판단한다면 보다 명확하고, 합리적인 결정을 내릴 수 있을 것이다. 또한, 단순하고 반복적인 업무를 AI에게 분담한다면 인간은 보다 더 효율적인 업무를 수행할 수 있게된다.

AI와 인간의 협업이 실무에 어떻게 적용되는지 구체적인 사례를 통해 확인해보자.

사례1 : 계약서 검토 과정에서의 AI와 변호사의 협업 사례

신입 변호사 A씨는 최근 소속 로펌에서 한 기업의 근로 계약서 검토 업무를 맡게 되었다. 해당 계약서는 기업 내 다수의 신입 직원에게 관행적으로 사용되어온 양식이었으며, A씨는 계약 내용이 관련 법령에 부합하는지 확인하고 법적 리스크가 있는지 판단하는 역할을 담당했다.

업무의 효율성과 정확도를 높이기 위해, A씨는 로펌 내에서 도입한 LLM 기반 법률 문서 분석 도구인 Harvey AI를 활용하였다. A씨는 Harvey AI에 계약서 초안을 입력하고, 위험 조항 식별 및 관련 법령 연관성 분석 기능을 통해 자동 검토를 수행했다. 그 결과, 시스템은 '주 60시간 근무' 및 '연장수당 미지급'에 해당하는 조항을 위험 요소로 표시하고, 관련 법령으로 근로기준법 제50조, 제53조 및 제56조를 제시했다.

제50조(근로시간)
① 1주 간의 근로시간은 휴게시간을 제외하고 40시간을 초과할 수 없다.
② 1일의 근로시간은 휴게시간을 제외하고 8시간을 초과할 수 없다.

제53조(연장 근로의 제한)
① 당사자 간에 합의하면 1주 간에 12시간을 한도로 제50조의 근로시간을 연장할 수 있다.

제56조(연장·야간 및 휴일 근로)
사용자는 연장근로(제53조·제59조 및 제69조 단서에 따라 연장된 시간의 근로)와 야간근로(오후 10시부터 오전 6시까지 사이의 근로) 또는 휴일근로에 대하여는 통상임금의 100분의 50 이상을 가산하여 지급하여야 한다.

▲ 근로기준법 제50조, 제53조 및 제56조

이 결과를 바탕으로 A씨는 해당 조항이 강행법규[1]를 위반한 무효 조항임을 판단했다. 근로기준법상 법정 근로시간은 주 40시간을 초과할 수 없고, 연장근로는 근로자 동의 시 주 12시간 이내로 허용된다. 또한, 연장근로에 대해서 회사는 반드시 수당을 지급해야 한다. A씨는

---

[1] **강행법규(强行法規, mandatory rule)** : 당사자 간의 합의나 계약으로도 변경할 수 없는 강제적인 법 규정을 말한다.

무효 조항의 경우 법정 기준이 자동으로 적용되며, 회사가 시정하지 않을 경우 근로자는 고용노동부에 진정을 제기할 수 있고, 미지급 수당은 최대 3년까지 소급 청구가 가능하다는 점을 파트너 변호사에게 보고했다. 또한, 회사가 이를 고의로 방치할 경우 과태료 또는 형사처벌 대상이 될 수 있음도 함께 설명했다.

A씨는 AI 도구를 정보 분석의 보조 수단으로 활용하고, 법률 전문가로서 최종 판단과 법적 대응 방향을 설정하는 핵심 역할을 수행했다. 단순 검토를 넘어, 실제로 법률 리스크를 사전에 식별하고 실질적인 조치로 연결한 A씨의 업무는 AI와 법률 전문가의 유기적인 협업이 현장에서 어떻게 실현될 수 있는지를 보여주는 하나의 사례이다.

사례2 : 유방암 진단 과정에서의 AI와 의사의 협업 사례

대형 병원에 재직 중인 영상의학과 전문의 B씨는 최근 유방암 판독 업무를 수행하던 중, 병원에서 새롭게 도입한 AI 기반 진단 보조 시스템을 활용하게 되었다. 이 시스템은 구글 헬스(Google Health)와 DeepMind가 공동 개발한 인공지능 모델로, 유방 촬영술(mammogram) 영상을 분석해 암 발생 가능성이 있는 의심 부위를 자동으로 표시해 주는 기능을 제공한다.

B씨는 기존과 마찬가지로 유방촬영 이미지를 판독하는 동시에, AI가 사전에 분석한 결과와 비교하여 판단의 정확도를 높이고자 했다. 실제로 AI는 초기 단계의 암 의심 부위를 빠르게 탐지하였고, 이는 B

씨가 놓칠 수 있었던 병변의 위치를 다시 확인하게 되는 계기가 되었다. 이를 통해 B씨는 최종적으로 유방암 조기 진단을 내릴 수 있었고, 환자는 비교적 빠른 시기에 치료를 시작할 수 있었다.

실제로 이 시스템은 미국과 영국에서 시행된 임상시험을 통해 오진률을 평균 5~9%가량 줄이는 효과를 입증받은 바 있다. B씨는 이러한 경험을 통해 AI는 단순히 의사를 대체하는 존재가 아니라, 정확하고 객관적인 분석 결과를 제공해 의료진의 판단을 더욱 정밀하게 만드는 파트너라는 점을 실감하게 되었다.

이 사례는 AI가 가진 패턴 인식 능력과 데이터 처리 속도, 그리고 의사가 가진 임상적 맥락 이해와 최종 판단 능력이 조화를 이루었을 때, 실제 환자 치료 결과에 긍정적인 영향을 줄 수 있다는 점을 명확하게 보여주는 또 하나의 사례이다.

그렇다면 단순하고 반복적인 업무를 AI가 어떻게 대체할 수 있을까? 다음은 다양한 산업 현장에서 활용되는 AI 기술의 실제 사례이다.

삼성전자의 반도체 생산라인에서 AI가 수십만 개의 웨이퍼 데이터[2]를 실시간으로 분석하고, 불량 가능성이 있는 공정 구간을 자동으로 판별한다. 과거에는 사람이 일일이 품질 데이터를 검사하고, 이상 여부를 판단했지만, 현재는 AI가 반복적인 분석 업무를 대신 수행하게 되었다. 엔지니어는 이제 AI가 검토한 데이터를 바탕으로 근본 원인을 추

---

[2] 웨이퍼(Wafer) 데이터 : 반도체 공정에서 웨이퍼(얇은 실리콘 원판) 위에 형성되는 회로의 상태, 품질, 공정 조건 등에 관한 정보를 말한다.

적하거나 공정 최적화 전략을 세우는 등 고차원적인 업무에 집중하고 있다.

LG CNS는 물류창고에 AI 기반 로봇 시스템을 도입했다. 상품을 분류하거나 운반하는 단순 반복 작업은 이제 AI 로봇이 담당하고, 사람은 시스템을 관리하거나 예외 상황에 대응하는 역할을 맡는다. 이처럼 사람이 기계와 협력하는 구조는 전체 업무의 효율성을 크게 끌어올렸다.

신한은행의 AI 챗봇 '쏠메이트 오로라(SOL Mate Orora)'는 고객의 금융 성향, 거래 내역 등을 분석해 예·적금, 대출 등 개인 맞춤형 금융 상담을 제공하는 지능형 상담 서비스다. 이 챗봇은 기본적인 문의 응답은 물론, 고객 상황에 맞는 상품을 추천하거나 간단한 업무 안내까지 수행해 상담의 효율성을 크게 높였다. 이처럼 반복적인 단순 상담은 챗봇이 처리하고, 보다 복잡한 의사결정이 필요한 업무는 사람이 맡는 구조로 역할이 분담되면서 실제 업무 효율성 향상에 기여하고 있다.

KB국민은행은 AI 기반의 이상거래 탐지 시스템(FDS, Fraud Detection System)을 활용하고 있다. 이 시스템은 고객의 정상적인 금융 패턴을 AI가 학습하여 이상 거래가 발생했을 때 실시간으로 이를 탐지하고 자동 차단하거나 경고를 발생시킨다. 예를 들어 평소 거래 지역이 아닌 해외에서 고액 인출이 발생하면 AI가 이를 즉시 감지하고 카드 사용을 일시 정지하거나 본인 확인 절차를 유도한다. 과거에는 이러한 탐지 업무를 사람이 수작업으로 검토했지만, 현재는 AI가 수십만 건의 거래를 실시간으로 분석하면서 보안 수준이 한층 강화되었다.

AI 기술이 급속히 발전하고 있는 오늘날, 중요한 것은 인간과 AI가 각자의 강점을 살려 역할을 명확히 분담하는 협업 구조를 갖춰야 한다는 것이다. AI는 방대한 데이터를 빠르게 분석하고, 일정한 규칙에 따라 정확한 결과를 도출하는 데 뛰어난 능력을 보인다.

반면, 인간은 맥락을 이해하고, 창의적인 사고를 통해 종합적 판단을 내리는 데 강점이 있다. 따라서 단순히 AI를 업무 도구로 활용하는 수준을 넘어서, 인간과 AI가 유기적으로 협력하며 보다 나은 결과물을 함께 만들어낼 수 있는 구조를 고민해야 한다.

AI는 '정보의 구조화'와 '기술적 자동화'를 담당하고, 인간은 '판단의 방향 설정'과 '의사결정의 질적 향상'을 책임질 때, 비로소 기술이 업무의 효율성과 결과의 질을 동시에 끌어올릴 수 있다. 이러한 역할의 분리와 협력은 앞으로의 업무 환경에서 핵심적인 전략이 될 것이다.

AI 시대의 윤리와 책임

AI 시대를 살아가는 우리가 풀어야 할 하나의 숙제는 바로 '윤리와 책임' 문제라고 할 수 있다. 만약 기술 사용의 주체가 사람이 아닌 AI인 경우에 어떠한 문제가 발생되었다면 이는 누구의 책임이라고 할 수 있을까? 또한, AI 기술의 활용 과정에서 나타나는 윤리적 문제는 어떻게 해결할 수 있을까?

다음의 사례들을 살펴보자.

2016년 미국에서 경찰이 사용하는 범죄 예측 AI 'COMPAS'는 흑인에 대해 재범 위험이 높다고 잘못 판단하는 비율이 백인의 약 2배에 달하는 것으로 확인되었다. 이는 AI가 과거의 인종 차별과 사회적 불평등을 그대로 학습해 미래의 판단을 왜곡하는 방식으로 작동한 알고리즘 편향의 대표적인 사례로 기록된다.

2018년 우버(Uber)의 자율주행 자동차가 자전거를 끌고 무단횡단하던 보행자를 치어 사망에 이르게 한 사건이 발생했다. 이는 자율주행 차량이 보행자의 생명을 앗아간 첫 사례로 기록되었다. 당시 차량에는 안전 요원이 탑승해 있었지만, 사고 당시 음악 영상을 시청하고 있어 적절한 조치를 취하지 못했던 것으로 확인됐다. 이 사건은 자율주행 시스템이 사고를 일으켰을 때 그 책임이 누구에게 귀속되는지에 대한 본격적인 법적 논의를 촉발시켰다.

▲ 자율주행자동차 주행 중 사고가 발생하면 누구에게 책임이 있을까?

2020년 영국에서는 코로나 19로 인해 대학 입시용 시험(A-level)이 취소되자 정부는 과거 학교별 성적 데이터를 기반으로 AI 점수 예측 시스템을 도입했다. 그러나 이 시스템은 사회적·지역적 격차를 그대로 반영하며 학습 기회가 제한된 학교에 재학 중이던 학생들의 성적을 부당하게 낮게 책정했다. 결국, 학생과 학부모들의 대규모 항의가 이어졌고, 정부는 해당 정책을 철회하게 되었다.

2023년 미국과 한국 대학에서 학생들이 ChatGPT를 이용해 리포트 및 논문을 작성한 사례가 다수 적발되었다. 심지어 의대와 법대에서도 AI가 작성한 텍스트를 그대로 제출한 경우가 있었다. 이 당시 인간의 판단과 책임이 결여된 '기계 창작물'에 대해 성적이나 학문적 자격을 부여할 수 있는지에 대한 논의가 본격화되었다.

▲ ChatGPT를 활용한 과제가 동일한 기준으로 평가될 수 있을까?

이러한 사례들은 AI 기술에 대한 윤리적 책임 기준이 미비해 사고 발생 시 책임 소재가 불분명했던 대표적 사례라고 할 수 있다. 그렇다면 해당 사건 이후에 어떤 변화가 있었을까?

미국 Wisconsin 주 대법원은 'COMPAS'를 현재에도 판결 참고자료로 허용하면서 피고인이 AI의 예측 근거를 검토하고 이의를 제기할 권리를 보장하고 있다. 하지만 COMPAS 활용에 대한 명확한 입법 조치나 규제는 여전히 미비하며, AI 판단의 책임 주체에 대한 논의 또한 여전히 논의 중이다.

우버의 자율주행자동차 사망 사건 이후 차량 내 탑승했던 안전요원은 사고 당시 차량 내에서 음악 영상을 시청하고 있던 것으로 확인되어 '부주의로 타인을 위험에 빠뜨린(negligent endangerment)' 혐의로 기소되었고, 유죄 판결을 받았다. 해당 사건에 대한 책임은 안전요원 개인에게 귀속되었고, 기업과 정부는 자율주행자동차 운행에 대한 안전 계획 수립, 테스트 보고 의무화 등 제도적 안전장치를 강화했다. 국내외에서 자율주행자동차 사고의 법적 책임은 자율주행 기술의 단계(Level)에 따라 구분된다. 자율주행 단계가 낮을수록 운전자의 개입이 주요하기 때문에 사고 시 운전자의 책임이 크며, 반대로 고도화된 자율주행 단계에서는 자동차 시스템이 주행을 주도하기 때문에 제조사나 시스템 개발자의 책임이 강조된다.

영국의 A-level AI 채점 시스템은 사회적 반발 끝에 전면 중단되었고, 교사 예측 성적으로 전환되었다. 관련 책임 주체인 정부와 Ofqual[3]

---

[3] Ofqual(Office of Qualifications and Examinations Regulation) : 영국 정부 산하의 시험 및 자격 규제기관이다.

은 알고리즘 사용 시 투명성 확보, 외부 통계기관의 감시 도입, 설명 가능성 강화 등 구체적인 개선 방안을 추진 중이다.

학생들이 ChatGPT를 활용해 리포트나 논문을 작성한 사례가 발생한 이후, 미국과 한국의 다수 대학은 'AI 사용 금지 또는 제한' 조항을 학칙에 반영하여 학생들의 지적 결과물에 대한 주최를 명확히 하기 위한 조치를 취했다. 또한, ChatGPT 사용에 따른 윤리 교육 및 가이드라인도 강화되었다.

이러한 사례들은 AI 기술이 도입된 이후 문제가 발생했을 때, 책임을 누가 질 것인가라는 질문에 대해 단지 윤리적 고민이 아니라 현실적인 규제와 법적 기준으로 이어져야 함을 보여준다.

실제 국내외에서는 AI 기술이 다양한 분야에서 활용됨에 따라 이에 대한 활용 규제를 신설하고 있다.

한국에서는 2025년 'AI 기본법'이 공포되었고, 이는 2026년 시행된다. AI 기본법에는 다음과 같은 조항이 포함된다.

- 생성형 AI 출력에 라벨 표기 의무 : 예측, 텍스트, 이미지 등 어떠한 형태의 생성물이라도 AI가 생성한 것임을 사용자에게 명확히 고지해야 한다.
- 고영향 AI 운영 전 사전 고지 의무 : 특히 의료·교통·교육 분야에서 AI가 사용될 경우, 사용자에게 AI 활용 사실을 사전에 고지해야한다.

- 실제와 유사한 AI 생성물 고지 의무 : 실제와 구분이 어려운 AI 생성 음향·이미지·영상을 제공할 경우 이용자가 명확히 인식할 수 있도록 고지 또는 표시해야 한다.

유럽 연합(EU)에서는 2024년 'AI Act'를 제정했고, 이는 2026년 전면 시행된다. 이 법은 세계 최초의 포괄적 AI 규제로 다음과 같은 내용을 포함한다.

- 딥 페이크(Deep Fake) 및 AI 생성 콘텐츠에는 'AI 생성' 표시 의무화
- 고위험 AI 시스템(채용, 범죄 예측, 신용 평가 등)에 대해 CE 인증[4], 데이터 편향 평가, 인간 개입 가능성 보장 등 철저한 사전 점검 체계 도입

미국에서는 2023년 바이든 대통령의 'AI 행정명령'이 발표되었다. 이 명령은 다음과 같은 내용을 포함한다.

- 대형 AI 모델의 안전성 평가 결과를 백악관, 국방부 등 연방기관에 보고하도록 의무화
- 국립표준기술연구소(NIST)[5]를 통해 AI 리스크 관리 기준 및 투

---

[4] CE(Conformité Européenne) 인증 : 제품이 유럽 연합(EU)의 관련 규정을 충족했음을 나타내는 표시이며, 유럽 시장에서 해당 제품을 판매하거나 유통하기 위해 반드시 획득해야 하는 법적 요건이다.

명성 프레임워크 수립
- 주(州) 차원의 규제 강화 : 예를 들어 캘리포니아주 등은 채용 AI 시스템의 공정성 검증 및 딥페이크 정치 광고 금지 조치를 시행 중이다.

이처럼 우리는 단순히 무분별하게 AI 기술을 활용하는 것이 아니라 AI 기술을 적용함에 있어 그 목적을 분명히 해야 하며, 윤리적 문제에 있어서도 기술의 타당성과 정당성을 유지해야 한다. 특히 인간의 생명과 권익에 중대한 영향을 미칠 수 있는 분야에서는 더욱 철저한 법적 규제와 절차가 반드시 선행되어야 한다. 나아가 AI가 개입한 결과로 문제가 발생했을 경우, 그에 대한 책임 소재가 명확하게 규명될 수 있도록 제도적 기반이 함께 마련되어야 한다.

현재 국내외에서는 AI 기술의 확산에 대응하기 위해 다양한 법적·윤리적 조치를 도입하고 있지만, 국가별 접근 방식과 규제 수준은 여전히 상이하다. 그러나 AI 기술이 전 세계적으로 확산되면서 향후에 국제 사회는 보편적으로 통용될 수 있는 규범과 기준을 제정하게 될 것이며, 각국은 이를 기반으로 자국의 법률 체계를 정비해 나갈 것으로 전망된다. 아울러 AI 기술이 빠르게 진화함에 따라 이에 상응하는 법적·제도적 장치의 정비가 지속적으로 이루어져야 하며, 사회 전반의 인식 또한 그 변화의 흐름에 맞게 유동적으로 조정되어야 할 것이다.

---

5 **국립표준기술연구소(NIST, National Institute of Standards and Technology)** : 미국 상무부(Department of Commerce) 산하의 연방 정부 기관으로, 산업, 과학, 기술 전반에 걸친 표준을 개발하고 연구하는 기관이다.

급변하는 AI 기술, 외면하지 않기

이전 장에서 우리는 AI 기술의 발전 과정과 다양한 사례들을 살펴보았다. 과거에는 AI 기술이 적용되기 어려울 것이라 여겨졌던 분야에서도 현재는 다양한 형태로 AI가 활발히 활용되고 있다.

법조계에서는 AI 판례 분석 시스템을 통해 유사 사건의 선례를 빠르게 찾아 변호사의 법률 자문을 보조하고, 의료계에서는 진단 보조 AI가 영상 데이터를 분석하여 환자의 질병을 조기에 감지하거나 맞춤형 치료 계획 수립에 도움을 주고 있다. 이러한 사례는 전문성이 요구되는 분야에서도 AI가 일정 수준의 신뢰성과 효율성을 갖고 인간 전문가와 협업할 수 있다는 점을 시사한다.

또한, AI 도구를 활용하여 미술 작품을 자동으로 생성하고, 예술가들은 이를 통해 창작 과정의 일부를 자동화하거나 새로운 영감을 얻기도 한다. 작문할 때에도 언어 모델을 활용해 소설, 시, 시나리오 등을 작성하는 사례가 증가하고 있으며, 음악 분야에서도 AI가 작곡하고 작사하며 실제 음원으로 제작되는 사례가 등장하고 있다.

사용자의 말 한마디로 전자기기를 제어하거나, 대형 언어 모델(LLM) 기반의 챗봇과 자연스러운 대화를 주고받는 일이 이제는 일상이 되었다. 또한, AI 기반 번역 기술의 발전으로 회의나 국제 컨퍼런스 현장에서 실시간 동시통역 기능을 활용하여 발표 내용을 자막 형태로 즉시 화면에 출력하거나 음성으로 전달함으로써 언어의 장벽을 줄이고 있다.

국내외 기업들 역시 이러한 AI 기술을 활용한 신산업 개발에 집중하고 있으며, 지속적인 투자와 연구를 통해 새로운 먹거리 산업을 창출하고 있다. 아래의 사례를 통해 살펴보자.

LG CNS는 전라남도 나주시에 약 54만㎡(16만 3천 평) 규모의 노지[6]형 스마트 팜[7]을 구축하여 운영하고 있다. 이 스마트 팜 플랫폼은 AI, 빅데이터, IoT[8] 기술을 기반으로 작물 생육 환경을 자동으로 제어하며, 토양 상태, 기상 변화, 병해충 발생 여부 등을 실시간으로 분석해 작물 재배 전 과정을 통합 관리한다.

중국의 뷰티 브랜드 플로레시스(Florasis)는 항저우에 6,480㎡(약 2천 평) 규모의 스마트 공장을 구축하여 AI 기반 불량 감지, 자동 포장, 실시간 품질 모니터링 시스템을 적용하고 있다.

미국의 스타트업 본사이 로보틱스(Bonsai Robotics)는 아몬드, 호두, 피스타치오 등 견과류 작물 전용 자율 수확기를 개발했다. 이 장비는 비전스티어(Visionsteer) 라는 비전 기반 자율주행 기술을 사용하여 GPS와 라이다(Lidar)[9] 없이도 작동이 가능한 특징을 갖는다.

---

6 **노지(露地)** : 온실이나 비닐하우스 같은 시설이 없는 자연환경에 그대로 노출된 밭이나 야외 농지를 의미한다.
7 **스마트 팜(Smart Farm)** : 정보통신기술(ICT)을 활용하여 농작물 재배, 가축 사육 등 농업 활동을 자동화하고 지능화한 농장 시스템을 말한다.
8 **IoT(Internet of Things, 사물 인터넷)** : 다양한 사물에 센서와 통신 기능을 부여해 인터넷으로 데이터를 주고받는 기술을 말한다.
9 **라이다** : 'Light Detection And Ranging'의 약자로, 레이저를 이용해 주변의 거리, 형상, 깊이 정보를 3차원으로 측정하는 센서 기술이다.

▲ 다양한 분야에서 활용되는 AI 기술

 이렇듯 AI 기술은 하루가 다르게 발전하고 있다. 그 이유는 AI 서비스를 제공하는 기업에서 사용자의 목적에 맞는 더욱 똑똑한 맞춤 AI 서비스를 꾸준히 개발하고 있기 때문이다.

 이러한 사용자 맞춤형 AI 서비스가 제공되기 위해서는 사용자의 정보가 필수적으로 수집되어야 한다. 사용자가 무엇을 원하는지 정보를 통해 분석해야 AI 또한 그에 맞는 정확한 서비스를 제공할 수 있기 때문이다. 혹자는 이러한 우려를 제기하기도 한다. "내가 가진 정보를 공개하면, 나만의 영업 기밀이 모두 노출되어 결국 불리해지는 건 아닐까?" 혹은 "나의 이동 정보가 공개되면, 불필요하게 개인 정보가 유출되는 것은 아닐까?"

하지만 잘 생각해보자. 데이터는 단순히 하나일 때 결코 힘을 발휘할 수 없다. 데이터가 모여 빅데이터가 되고, 이렇게 방대한 양의 빅데이터가 분석되어야 비로소 AI 서비스가 제공될 수 있는 것이다. 물론 영업 기밀과 같은 보안성이 높은 정보를 모두 공개할 필요는 없다. 하지만 나 혼자만 알고 있는 정보가 우선적이라는 생각을 고수한다면 AI 시대에서 경쟁력이 떨어질 수밖에 없는 것은 분명하다. 공공의 이익과 개인의 편의를 위해 일정 규모의 정보는 수집되고 분석될 수밖에 없다. 다만 이 과정에서 데이터는 익명화되거나 정보 제공자의 동의 아래에서만 활용되는 등의 법적·기술적 장치도 함께 마련되어 있다. 이러한 과정을 통해 우리는 오늘날처럼 편리한 AI 기능을 일상 속에서 대중적으로 활용할 수 있게 된 것이다.

자동차를 타고 새로운 목적지를 갈 때 대부분의 경우 내비게이션 앱(APP)을 사용한다. 이는 실시간 교통 상황을 반영한 최적의 경로, 최단 시간 경로, 최단 거리 경로, 무료 도로 선택 등 다양한 옵션을 제공해 운전자에게 가장 적합한 경로를 안내하기 때문이다. 예를 들어 빠른 이동이 필요할 때는 최단 시간 경로를, 통행료를 피하고 싶은 경우에는 무료 도로 경로를 선택할 수 있다.

이러한 맞춤형 서비스는 사용자 위치 정보가 수집·분석되는 것을 전제로 한다. 사용자가 자신의 위치 정보 제공에 동의했기 때문에 사용 가능한 기능인 것이다. 하지만 일부 사용자가 개인 정보 보호를 이유로 위치 정보 제공을 거부한다면, 이러한 실시간 안내 서비스의 일부 기능을 제대로 이용하지 못할 수도 있다.

| 내비게이션 앱을 사용할 때 | 내비게이션 앱 없이 길을 찾을 때 |

▲ 위치 정보 제공 여부에 따른 경로탐색

또 다른 사례도 살펴보자. 어느 순간부터 유난히 알 수 없고 광고 메시지, 전화를 자주 받게 되었다면 이는 과거에 광고·마케팅 목적의 개인 정보 수집 및 수신에 동의했기 때문일 수 있다. 특히 서비스 가입이나 이벤트 응모 시, 편의를 위해 사용자가 '전체 동의'를 선택했다면 선택 약관 중에 광고 수신 동의가 포함되었을 가능성이 높다. 실제로는 필수 약관에만 동의해도 서비스 이용이 가능하지만, 많은 사용자가 내용을 자세히 확인하지 않고, 전체 동의를 선택해 불필요한 정보 수신에 노출되기도 한다.

이처럼 우리는 단순히 정보를 무조건 공유하거나 숨기기보다는 데이터 활용의 목적과 범위에 대해 분명한 기준을 갖고, 정보 제공 여부를 스스로 판단할 수 있는 '정보 주체'로서의 태도를 가져야 한다.

우리는 급변하는 AI 기술을 외면할 수 없는 시대를 살고 있다. 이미 다양하고 전문화된 AI 기술들이 우리 삶 속에 유기적으로 자리 잡고 있기 때문이다. 이제는 새로운 기술을 무작정 거부하기보다는 고도로 발전한 AI 환경 속에서 나의 역량과 자원을 어떻게 더 효율적으로 활용하고 확장해 나갈 수 있을지를 진지하게 고민해야 할 시기가 온 것이다. 피할 수 없는 변화라면 그 흐름을 이해하고, 주도할 수 있는 힘을 길러야 한다.

무(無)에서 유(有)를 만들고, 유(有)에서 더블 유(Double 有)를 만들기

만약 새로운 제품의 출시를 앞둔 회사에서 신제품에 대한 광고 홍보 자료를 만들어야 한다고 가정해보자. 그런데 만약 일정이 촉박하여 신제품 샘플이 아직 완성되지 못한 상황이라면 어떻게 해야할까?

보통의 경우 신제품이 출시되면 해당 제품의 샘플이 공장에서 만들어지고, 이를 활용해서 전시 및 홍보 자료에 사용된다.

기존에 사용되는 일반적인 신제품 광고 제작 절차는 다음과 같다.

1. 제품 개발 완료 : 외관, 기능, 스펙 확정
2. 샘플 생산 : 실제 공장에서 시험 생산하여 전시용 실물 확보
3. 실물 기반 사진 촬영 진행 : 광고 사진, 영상, 매뉴얼, 상세페이지 등 촬영
4. 콘텐츠 제작 : 디자이너 및 에이전시가 포스터, 영상, SNS 콘텐츠 제작
5. 출시와 함께 마케팅 개시

하지만 이러한 방식은 다음과 같은 문제점이 존재한다.
- 제품 실물 생산이 늦어지면 촬영·홍보가 연달아 지연된다.
- 실물 제품 운송, 세팅, 촬영, 인력 등 고비용이 발생된다.
- 제품 외관이나 스펙 변경 시 다시 촬영해야 한다.

▲ 촉박한 일정에 신제품은 미완성, 해결 방법은?

이럴 때 응용될 수 있는 방법이 바로 디지털 트윈(Digital Twin) 기술이다. 디지털 트윈이란 현실에 존재하는 사물, 시스템, 공정 등의 물리적 객체(Physical Asset)를 가상 공간에 정밀하게 구현한 디지털 복제 모델이다. 즉, 현실의 물리적 대상이나 설계 기반 개념을 디지털로 재현하여 그 상태·동작·성능 등을 시뮬레이션하고 예측·최적화하는 방식으로 관리하는 기술을 의미한다. 그리고 디지털 트윈 기술을 구현하는 과정에서도 AI 기술이 활용될 수 있다.

디지털 트윈 구현을 위해서는 다음과 같은 구성 요소가 필요하다.

- 물리적 또는 설계 기반 대상 : 실제 존재하거나 설계 중인 제품, 장비, 공정, 환경 등
- 디지털 모델 : 위의 대상을 가상 공간에 구현한 복제물
- 데이터 연결 : 센서나 로그를 통해 실제 대상과 디지털 복제물이 실시간 데이터를 주고받는 연결 구조

그렇다면 디지털 트윈을 활용해서 어떻게 광고를 제작할 수 있을까? 다음은 디지털 트윈을 활용한 신제품 광고 제작 절차를 나타낸다.

1. 3D 모델(CAD[10] 기반 등) 확보 : 제품 설계 단계에서 생성된 CAD 데이터를 3D 모델로 변환

---

[10] CAD(Computer-Aided Design, 컴퓨터 지원 설계) : CAD는 제품, 부품, 건축물 등의 설계를 컴퓨터로 하는 시스템 또는 그 파일 형식을 말한다. CAD를 통해 2D 도면(평면도)과 3D 모델(입체 구조)을 정밀하고 효율적으로 설계할 수 있다.

2. AI 기반 콘텐츠 생성 : 디지털 트윈 기반 시각화 솔루션을 활용하여 제품 배경, 조명, 각도, 질감 등 가상으로 연출 가능
3. 홍보 콘텐츠 제작 : 실제 실물 없이도 제품 소개 영상, 이미지, SNS 콘텐츠 선제 제작 가능

즉, 디지털 트윈 기술을 활용하면 물리적 객체가 아직 없는 상황에서도 설계 기반 개념을 3D 형태로 가상공간에 구현하여 시뮬레이션·검증·홍보 등 다양한 형태로 활용이 가능하게 된다. 다음은 디지털 트윈을 활용한 커피머신 신제품 광고 절차의 예시를 나타낸다.

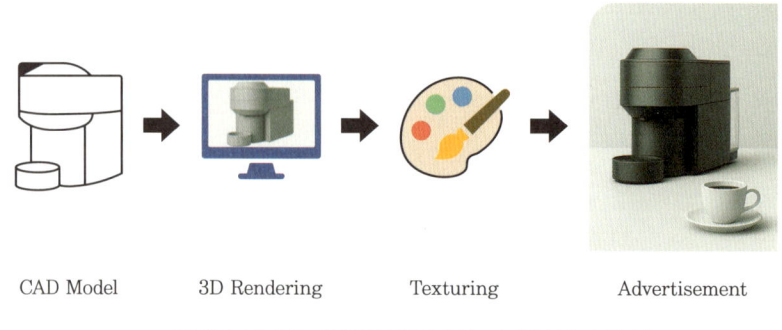

▲ 디지털 트윈을 활용한 커피머신 신제품 광고 예시

디지털 트윈을 활용해 제품에 대한 광고를 제작하기 위해서 우선 CAD 데이터를 활용하여 제품에 대한 3D모델을 렌더링[11]하여 시각화한다. 렌더링된 3D모델에 대해 디자이너가 텍스처링 작업을 통해 모

---

[11] 렌더링(Rendering) : 3D 모델이나 장면을 실제 이미지나 영상으로 변환하는 과정이다.

델의 시각적 완성도를 높인다. 텍스처링(Texturing)은 3D 모델에 색상, 질감, 재질, 빛 반사 등을 입히는 작업으로 이를 통해 3D 모델은 실제 제품과 같이 현실감 있게 표현된다. 이렇게 완성된 3D 모델은 신제품 홍보 및 광고 자료에 활용된다.

조금 더 구체적으로 살펴보면 AI 기술은 디지털 트윈을 활용한 광고 제작에서 아래와 같이 활용된다.

디지털 트윈에서 활용되는 AI 기술

작업 단계	내용	AI 활용 여부
렌더링 · 시각화	조명, 각도, 질감 등 가상 연출	일부 AI 보조 가능
광고 이미지 · 영상 자동 생성	다양한 이미지 · 영상 생성	생성형 AI 사용
텍스트 · 설명문 생성	제품 설명, 홍보 문구 자동 작성	자연어 생성 AI 사용
A/B 테스트[12] 최적화	어떤 이미지 혹은 카피가 효과적인지 분석	AI 분석 모델 · 자동화 사용

디지털 트윈을 활용한 신제품 광고 제작은 실물 없이도 제품 이미지와 영상을 생성할 수 있어 기존 방식에 비해 시간과 비용을 크게 절감할 수 있고, 이미지 수정이 용이해 다양한 마케팅 환경에 유연하게 대응할 수 있다. 또한, 제품 출시 전부터 광고 콘텐츠를 선제적으로 준

---

[12] **A/B 테스트** : 두 가지(혹은 그 이상)의 버전(A안, B안 등)을 사용자에게 나눠서 보여주고, 실제 반응 차이를 정량적으로 측정하여 더 효과적인 안을 선택하는 실험 방법이다.

비할 수 있기 때문에 전체 출시 일정에 여유를 주고 제품 개발 및 품질 관리에도 긍정적인 영향을 줄 수 있다.

AI 기반 디지털 트윈 기술은 실제 제품이 존재하지 않는 초기 단계(무, 無)에서도 해당 제품의 설계 개념을 3D 모델로 형상화(유, 有)할 수 있고, 이후 사람의 텍스처링 작업으로 모델의 시각적 완성도를 높임으로써, 해당 모델을 시뮬레이션·홍보·모니터링 등 다양한 목적으로 확장하여 활용(더블 유, Double 有)할 수 있는 것이다.

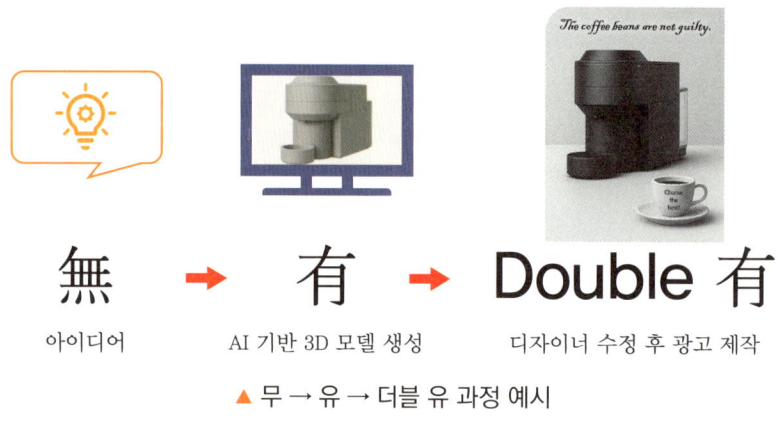

▲ 무 → 유 → 더블 유 과정 예시

이와 같은 개념을 적용하여 다양한 분야의 사례들을 살펴보자.

1. 패션 분야

단계	설명
무(無)	실제 옷이 없고 컨셉만 존재(ex. 클래식한 무드의 여름 정장)
유(有)	AI 스타일 생성기(Cala[13], Fashable AI[14] 등)로 의상 디자인 생성
더블 유 (Double 有)	디자이너가 패턴, 질감, 착용감을 고려해 의상 디자인 수정 후 실제 의류 생산 및 NFT[15] 판매

▶ **실제 사례** : 디지털 패션 전문기업 The Fabricant는 실물이 존재하지 않는 디지털 의상을 주로 3D 디자인 도구로 구현하며, 일부는 NFT로 판매되거나 디자이너·브랜드와의 협업을 통해 현실의 의류로 제작되기도 한다.

▲ 디지털 의상 예시

---

[13] **Cala** : AI를 활용해 의류 디자인부터 생산 및 배송까지 통합 관리할 수 있는 패션 운영 플랫폼이다.

[14] **Fashable AI** : 텍스트 입력만으로 다양한 스타일의 의상 이미지를 생성하는 AI 기반 패션 디자인 도구이다.

[15] **NFT(Non-Fungible Token, 대체 불가능 토큰)** : 블록체인 기반으로 디지털 자산의 고유성과 소유권을 증명하는 토큰이다.

2. 건설 분야

단계	설명
무(無)	특정 지역의 건축 도면이나 실물 없이 대지 정보나 컨셉만 존재
유(有)	AI 기반 설계 제안 모델(**Autodesk Spacemaker**[16] 등)을 통해 가상의 도면, 건축 모델 생성
더블 유 (Double 有)	건축가가 법규, 환경, 미감 요소 등을 반영해 도면 수정 후 시공 가능 도면으로 제작

▶ 실제 사례 : Autodesk의 Spacemaker는 건축 예정지의 환경·일조·소음 데이터를 분석하여 AI가 설계 제안 모델을 자동 생성하고, 설계사는 이를 기반으로 최종 도면을 완성한다.

---

[16] **Autodesk Spacemaker** : 건축 및 도시 계획 분야에서 사용되는 AI 기반 도시 설계·건축 설계 플랫폼이다.

3. 영상 및 애니메이션 분야

단계	설명
무(無)	촬영 없이 대본, 스토리보드, 키워드만 존재(ex : 카페에서 벌어지는 로맨스)
유(有)	AI 영상 생성기(RunwayML, Pika, Synthesia 등)를 사용해 영상 초안 생성
더블 유 (Double 有)	사람의 컷 편집, 음향 보정, 색보정, 자막 추가 등의 작업을 통해 고품질 콘텐츠 완성

▶ 실제 사례 : Pika Labs[17]의 AI 영상 생성 도구를 활용해 기획 단계에서 샘플 광고 영상을 생성하고, 이를 기반으로 기업이 컷 편집, 색보정, 효과 추가 등의 작업을 거쳐 상용 마케팅 영상으로 완성한다.

---

[17] Pika Labs : AI 기반 영상 생성 서비스를 제공하는 기업이다.

4. 의료 분야

단계	설명
무(無)	환자의 MRT/CT 데이터만 존재(실제 수술 미시행 상태)
유(有)	장기·혈관·조직을 3D 모델로 복제하고 AI 분석으로 수술 경로 예측
더블 유 (Double 有)	의사가 수술 시뮬레이션을 기반으로 수술 계획 수립 및 훈련에 활용

▶ 실제 사례 : **다쏘 시스템(Dassault Systèmes)**[18]은 'Living Heart' **프로젝트**[19]를 통해 심장 디지털 트윈을 구축하고, 이를 통해 심장 질환 치료를 시뮬레이션한다.

앞서 살펴본 사례와 같이 무(無)에서 유(有), 그리고 더블 유(Double 有)로 이어지는 AI 기반 생성 흐름은, 아이디어의 구체화와 실현 가능성 확대를 동시에 가능하게 한다. 이는 다양한 산업 영역에서 AI 기술이 핵심 생산 도구로 진화하고 있음을 시사한다.

이제 우리는 우리에게 주어진 자원과 아이디어를 바탕으로 어떤 방식으로 더블 유(Double 有)로 발전시켜 나갈 수 있을지 능동적으로 고민해야 한다.

---

[18] **다쏘 시스템(Dassault Systèmes)** : 프랑스에 본사를 둔 3D 설계, 디지털 트윈, 시뮬레이션, PLM(제품 수명 주기 관리) 소프트웨어 전문 기업이다.

[19] **Living Heart 프로젝트** : 다쏘 시스템이 진행하는 Living Heart 프로젝트는 심장을 디지털 트윈 형태로 구현한 대표적 의료·헬스케어 사례로 실제와 동등한 정밀도를 가진 3D 심장 모델을 통해 의료 시뮬레이션, 연구, 제품 개발, 규제 검증 등을 가능하게 한다.

6장

AI 기술 똑똑하게 활용하기

 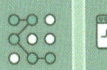 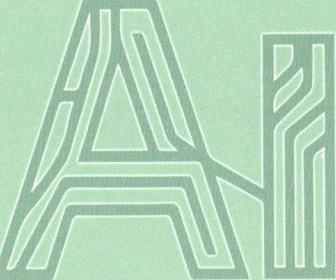

AI 기술 똑똑하게 활용하기

🤖 우리의 목표를 정확히 파악하기

AI 기술이 점차 사용자 친화적으로 발전하고 있는 상황에서 우리는 어떻게 AI 기술을 똑똑하게 활용할 수 있을까?

가끔 우리는 다른 사람과 대화를 할 때 상대방이 애매모호하게 질문을 하는 경우에는 그 질문에 대해 곧바로 답변을 할 수 없게 된다. 이는 상대방의 질문 의도를 명확하게 파악할 수 없기 때문이다.

오른쪽의 그림에서 여성이 "이거는 저번처럼 그렇게 하면 되겠지?"라고 남성에게 질문하고 있다. 그러나 남성은 어딘가 찜찜한 표정을 짓고 있다. 그 이유는 여성이 말한 '이거'와 '저번' 그리고 '그렇게'가 정확히 무엇을 의미하는지 명확하지 않기 때문이다.

아마도 여성은 자신의 머릿속에서만 질문에 대한 모든 내용이 정리되어 있다는 사실을 잠시 망각했을 것이다.

사람 사이의 관계뿐만 아니라 우리가 AI 기술을 보다 똑똑하게 활용하기 위해서는 우리의 목표를 명확히 파악할 필요가 있다. 내가 원하는 목표가 무엇인지에 따라 어떠한 기술을 어떻게 활용할 수 있는지 방향이 결정되기 때문이다.

예를 들어 생성형 AI 도구를 활용해서 간단한 시나리오 작업을 할 경우 모호한 요청과 명확한 요청에 대한 결과물은 달라질 수밖에 없다. 다음은 두 가지 요청에 대한 ChatGPT의 응답 결과를 나타낸다.

▲ 애매모호한 질문에 대해서 어떻게 답변할 수 있을까?

> 남녀의 사랑 이야기 간단한 시나리오로 만들어줘.

다음은 간단하고 직관적인 **남녀의 사랑 이야기** 시나리오입니다.

📽 **제목: "버스 정류장에서"**
⏱ 장르: 로맨스 / 드라마
🏙 배경: 서울, 평범한 일상 속 도시

✨ **시놉시스:**
출근길마다 마주치던 낯선 남녀. 아무 말도 없이 늘 같은 정류장에서 같은 버스를 기다리던 둘은, 어느 날 예상치 못한 사고로 인해 대화를 시작하게 된다. 작은 인연이 대화를 낳고, 대화는 호감을 키우며, 그들은 서로의 인생에 천천히 들어오게 된다.

▲ 시나리오 주제가 구체적이지 않은 경우

> 남자는 불치병에 걸렸고, 여자는 이러한 사실을 모르고 있어. 이루어 질 수 없는 두 남녀의 가슴 아픈 사랑 이야기 시나리오로 만들어줘.

다음은 요청한 설정을 바탕으로 한 **가슴 아픈 사랑 이야기** 시나리오입니다. 이루어질 수 없는 이유가 단순히 병 때문이 아니라, 감정과 선택이 얽힌 비극적 선택으로 연결되도록 구성했습니다.

📽 **제목: "그날의 너에게"**
⏱ 장르: 멜로 / 비극 / 현실적 감성
🏙 배경: 가을의 서울, 대학가 인근 작은 서점, 골목길, 병원
🍁 콘셉트: "사랑은 끝을 알면서도 피어나는 것"

📖 **시놉시스:**
책방에서 처음 만난 '하준'과 '윤아'. 작은 책 한 권을 두고 우연히 말을 섞은 두 사람은, 마치 오래된 인연처럼 빠르게 가까워진다. 하지만 하준은 이미 말기 신경계 질환을 앓고 있다. 그 사실을 숨긴 채, 하준은 윤아에게 "잠시만"의 사랑을 건넨다. 윤아는 아무것도 모른 채 진심으로 사랑하게 되고, 하준은 점점 멀어진다. 결국, 윤아는 진실을 알게 되고, 둘의 마지막이 찾아온다.

▲ 시나리오 주제가 구체적인 경우

첫 번째 요청은 "남녀의 사랑 이야기 간단한 시나리오로 만들어줘."였고, 두 번째 요청은 "남자는 불치병에 걸렸고, 여자는 이러한 사실을 모르고 있어. 이루어질 수 없는 두 남녀의 가슴 아픈 사랑 이야기 시나리오로 만들어줘."였다.

첫 번째 요청은 두 번째 요청에 비해 설정이 다소 모호했기 때문에 ChatGPT의 응답 결과 역시 '출근길에 마주친 남녀의 사랑이야기'와 같이 단편적인 것을 확인할 수 있다. 두 번째 요청은 보다 구체적인 극의 요소를 포함시켰다. 남자 주인공의 불치병, 이루어질 수 없는 사랑 등의 키워드가 포함되었고, 이에 대해 ChatGPT는 주인공의 이름, 상황을 보다 구체적으로 설정하여 시나리오 결과를 생성해주었다.

이번에는 ChatGPT를 활용해서 이미지를 생성해보자. 첫 번째 요청사항은 "고양이 사진 만들어줘."였다. 사용자는 고양이라는 목표 대

▲ "고양이 사진 만들어줘."에 대한 결과물

상을 알려줬지만 어떠한 고양이라는 구체적인 내용에 대해서는 알려주지 않았다. 그로 인해 ChatCPT는 우리가 주변에서 한 번쯤은 본 듯한 무난한 모습의 고양이 사진을 생성해 주었다.

  두 번째 요청사항은 "주인의 사랑을 듬뿍 받은 파란 눈동자의 흰색 털을 가진 고양이 사진 만들어 줘."와 같이 좀 더 구체적으로 설정했다. 두 번째 요청사항에 대한 결과물은 주인의 사랑을 받는, 파란 눈동자, 흰색 털과 같이 고양이의 생김새에 대해 구체적인 조건이 반영된 모습으로 생성된 것을 확인할 수 있다. 즉, 사용자가 원하는 이미지가 있다면 그에 대한 명확한 지시어를 입력해야 그에 맞는 결과를 얻을 수 있게 되는 것이다.

▲ "주인의 사랑을 듬뿍 받은 파란 눈동자의 흰색 털을 가진 고양이 사진 만들어 줘."에 대한 결과물

이렇듯 사용자의 요청이 구체적이지 않은 경우 AI 역시 포괄적인 결과물을 제공하게 된다. 결국 AI가 '잘' 작동하느냐는 기술 자체의 성능보다도 우리가 얼마나 '명확한 요청'을 하는지에 달려 있다.

기업의 예시 사례를 살펴보자. A 기업은 '고객 만족도 향상'을 위해 기업 내 AI 기술을 도입했지만 실제 프로젝트는 '재구매율 예측 모델 개발'로 진행되었다. AI는 정확한 예측 결과를 도출했고, 보고서 역시 잘 정리되었지만 정작 **고객 경험 개선**[1]이나 서비스 품질 향상에는 별다른 영향을 주지 못했다. 이러한 결과는 초기 목표 설정이 명확하지 않았기 때문이다. A 기업이 원했던 것은 '고객 만족도 향상'이었으나 그 의도를 AI 프로젝트 설계 단계에서 정확히 정의하고 전달하지 못했고, 그로 인해 AI는 분석 가능한 지표에만 집중한 결과를 낸 것이다. 결국, 명확한 목표 없이 AI 기술을 도입하면 기술적으로 성공한 프로젝트조차 본래의 전략적 목적과는 어긋난 결과를 초래할 수 있게 된다.

또 다른 실제 사례를 살펴보자. 대부분의 기업에서 고객응대 효율화, 비용절감 및 서비스 확장성 확보를 목표로 고객응대 챗봇(ChatBot) 서비스를 제공한다. 공통되고, 간단한 고객문의는 챗봇이 1차적으로 자동 응답함으로써 사람 직원들은 보다 고차원적인 업무에 집중할 수 있게 된다. 이는 전반적인 고객 응대의 효율성과 생산성을 높이는 데 기여한다.

---

[1] **고객 경험 개선(Customer Experience Improvement)** : 기업이나 조직이 고객과 상호작용하는 모든 접점에서의 경험을 더 긍정적이고 만족스럽게 만드는 것을 의미한다.

Air Canada는 이러한 목표로 자동응답 챗봇 서비스를 제공했다. 그러나 2022년 11월 한 승객이 장례 할인(bereavement fare)[2]을 여행 후에도 신청할 수 있는지 질문했고, 챗봇은 티켓 발행 후 90일 이내에 환불 신청이 가능하다고 잘못 안내했다. 이에 따라 해당 승객은 항공권을 우선 일반요금으로 결제하고, 일정 후에 장례 할인 요금의 차액을 환불받기 위해 신청했지만 Air Canada는 여행이 완료된 후에는 장례 할인을 적용할 수 없다며 이를 거절했다. 결국 승객은 소송을 제기했고, 2024년 2월 브리티시컬럼비아 민사 조정 재판소(B.C. Civil Resolution Tribunal)는 Air Canada의 법적 책임을 인정하며, 환불 금액과 이자 및 소송 비용을 포함한 약 812 CAD(한화 약 80만 원)를 승객에게 배상하라는 판결을 내렸다.

이는 Air Canada에서 챗봇 서비스를 제공할 당시 '정확한 정보 제공'보다는 '자동화'에 초점을 둔 결과로 발생한 사건이다. 즉, 명확한 목표 설정없이 챗봇 서비스를 도입하면서 사용자의 실제 요구를 충족시키지 못한 사례라고 볼 수 있다.

이 사건은 다음과 같은 시사점을 갖는다.

1. Air Canada가 챗봇 서비스를 제공할 당시 단순 자동화가 아닌 정확하고 검증된 정보 제공에 초점을 맞췄다면 이러한 오류는 발

---

[2] **장례 할인(bereavement fare)** : 가까운 가족이 사망하거나 임박했을 때, 항공사가 제공하는 특별 할인 요금을 의미한다. 이 할인의 목적은 장례식이나 임시 귀국 등의 급한 상황에서 여행자에게 비용 부담과 일정 제약을 완화해주는 것이다.

생하지 않았을 가능성이 높다.
2. AI 챗봇이 제공한 정보라도 그것이 기업의 공식 서비스로 운영되는 경우에는 해당 기업이 법적 책임을 져야 한다. 이는 AI는 단순 도구에 불과하며 그 사용에 대한 책임은 결국 운영 주체에게 있다는 점을 보여준다.

결론적으로 AI 도구를 똑똑하게 활용하기 위해 가장 먼저 해야 할 일은 우리가 원하는 목적을 명확히 설정하고, 그에 맞는 구체적인 요청을 AI에게 지시하는 것이다. 또한, 명확하지 않은 지시나 설정된 목표에 기반한 실행 결과에 대한 책임 역시 AI가 아닌 이를 활용한 주체에게 있다는 점을 반드시 기억해야 한다.

AI는 단순한 마법이 아니다. 수십만 개의 데이터를 분석해주고, 놀라운 예측을 해줄 수 있지만 이 모든 것은 인간이 설정한 문제와 목표를 기반으로 이루어진다. 목표 없이 AI를 도입하는 것은 나침반 없이 바다로 나가는 것과 같다. 방향도 없고, 목적지도 없다면 아무리 빠른 배라도 제자리를 맴돌 뿐이다.

디지털 리터러시(Digital Literacy), 제대로 알고 쓰기

디지털 리터러시(Digital Literacy)란 디지털 기술과 미디어를 무조건적으로 수용하는 것이 아니라 비판적으로 이해하고, 생산적으로 활용하는 능력을 말한다.

예를 들어 다양한 매체로 접할 수 있는 정보들에 대해 신뢰할 수 있는 정보인지 아닌지를 구분할 수 있는 판단력을 갖는 것이다. 또한, 단순히 디지털 미디어를 소비하는 것이 아니라 블로그, 영상 제작 등 콘텐츠를 직접 만들고 공유할 수 있는 능력을 갖추는 것을 말한다.

디지털 리터러시는 정보 과잉 시대에서 비판적으로 정보를 선별하고, 신뢰성이 부족한 정보에 대해서 주체적으로 대응할 수 있으며 디지털 세상에서 책임 있고 윤리적 행동을 할 수 있는 기반이 된다.

디지털 리터러시의 구성 요소는 국내외에서 기준에 따라 차이가 있다. 다음은 국내외 디지털 리터러시 구성 요소이다.

🔍 **국내 교육부와 한국교육학술정보원(KERIS)이 제시한 디지털 리터러시 구성 요소**

대분류	소분류	소분류 설명
디지털 기기와 SW의 활용	디지털 기기 활용	하드웨어 구조·기능, 네트워크 연결 및 인터넷 사용 능력
	소프트웨어 활용	OS·앱의 구조와 기능 이해, 탐색 및 선택
	인공지능 활용	AI 개념·원리 이해 및 AI 도구의 특성·활용법
디지털 정보의 활용과 생성	자료의 수집 및 저장	디지털 자료의 수집 방법, 저장 및 분류
	정보의 분석 및 표현	데이터 분석·해석 및 시각적 표현
	디지털 콘텐츠 생성	콘텐츠 기획·편집·창작 능력
디지털 의사소통 및 문제해결	디지털 의사소통	온라인 협업, 문제 예방 및 대응
	디지털 문제해결	문제 정의 → 해결방안 설계 → 실행

	디지털 윤리	디지털 예절, 사이버 폭력 예방
디지털 윤리 및 정보 보호	디지털 정보 보호	준법 · 사이버 범죄 예방, 개인 정보 · 저작권 보호

🔍 캐나다 브리티시컬럼비아 주(British Columbia, Canada)가 제시한 디지털 리터러시 구성 요소

구성 요소	소분류
연구 및 정보 리터러시	• 디지털 도구를 활용하여 정보를 검색, 평가, 활용 • 제공된 정보의 출처와 정확성을 판단하는 능력
비판적 사고력, 문제해결, 의사결정	• 디지털 환경 속에서 비판적 사고를 통한 문제 정의, 프로젝트 관리, 의사결정 수행
창의성 및 혁신성	• 디지털 기술을 활용해 창의적 콘텐츠와 프로세스를 설계 및 생산
디지털 시민의식	• 기술 사용이 인간 · 문화 · 사회에 미치는 영향을 이해하고, 법적 · 윤리적 기준을 준수하며 행동하는 책임감
의사소통 및 협동	• 디지털 미디어를 활용해 효과적으로 소통하고 협업하는 능력
기술 활용 및 개념	• 디지털 기기와 시스템의 기능을 이해하고 활용하는 역량

그렇다면 AI 시대에서 디지털 리터러시를 어떻게 적용할 수 있을까?

AI 시대의 디지털 리터러시는 AI 기술을 사용하는 수준을 넘어 AI를 깊이 이해하고 비판적으로 평가하며 책임감 있게 활용하는 종합적인 능력을 의미한다. 이를 실현하기 위해서는 다음과 같은 역량이 요구된다.

- AI 기술의 원리 이해 : AI의 작동 개념을 이해한다.
- 비판적 사고 및 평가 능력 : AI가 생성한 정보와 결과에 대한 비판적 사고를 통해 데이터의 신뢰성을 평가한다.
- AI 도구 활용 및 창작 : AI 도구를 활용해 문제를 해결하거나 콘텐츠를 생성하는 등 새로운 가치를 만든다.
- 책임 있는 사용과 디지털 시민의식 : 개인 정보 보호, 보안, AI 윤리 등 사회적 책임을 인식하고 실천한다.

즉, AI 시대의 디지털 리터러시의 핵심은 사용자에게 주어지는 방대한 양의 데이터들을 보다 정확하고 안전하게 활용할 수 있는 가이드라인이 되는 셈이다. 이를 통해 우리는 데이터와 AI 도구를 올바르게 이해하고 효과적으로 활용할 수 있다.

해외 주요 기관에서는 AI 시대의 디지털 리터러시와 관련된 구성 요소를 다음과 같이 제시하고 있다. 미국의 교육혁신기관인 Digital Promise는 'AI 리터러시(AI Literacy)'라는 명확한 용어를 사용하고 있고, 경제협력개발기구(OECD)는 'AI 리터러시 프레임워크(AILit Framework)'라는 용어로 AI 리터러시 역량을 정의한다. 'AILit Framework'는 'Artificial Intelligence Literacy Framework'의 약자로 AI 리터러시 체계를 의미한다. 한편 유럽 연합(EU)에서는 '디지털 역량(Digital Competence)'이라는 개념을 사용하고 있으나 이는 디지털 리터러시를 포함하는 상위 개념이다. 따라서 본문에서는 독자의 이해를 돕기 위해 '디지털 리터러시'라는 용어로 통합하여 지칭한다.

🔍 해외 주요기관별 디지털 리터러시 구성 요소

기관	제시한 프레임워크	구성 요소
미국 교육혁신기관 (Digital Promise)	AI Literacy	• 이해(Understand) : AI 기술이 어떻게 작동하는지 원리와 구조 이해 • 평가(Evaluate) : AI 정보 및 결정을 신뢰할 수 있는지 비판적으로 판단 • 활용(Use) : 실제 업무, 학습에서 AI 도구를 목적에 맞게 활용
경제협력 개발기구 (OECD)	AILit Framework	• AI 활용(Engaging with AI) : AI를 정보나 콘텐츠에 접근하는 도구로 활용하고, 그 결과를 비판적으로 해석하며 AI의 기능과 한계를 이해하는 능력 • AI 창작(Creating with AI) : AI와 협업해서 창의적 결과물을 만들고, 윤리적 책임을 함께 고려하는 능력 • AI 관리(Managing AI) : 반복적인 작업을 AI에 맡겨 사람이 창의성과 판단이 필요한 일에 집중할 수 있도록 하며, AI가 윤리적이고 인간 중심적으로 작동하도록 조율하는 능력 • AI 설계(Designing AI) : AI의 원리와 구조를 이해하고 인류의 이익을 위해 윤리적으로 AI를 설계하는 능력
유럽 연합 집행위원회 (European Commission)	DigComp 2.2 Framework	• 정보 및 데이터 활용(Information and Data literacy) : 필요한 정보를 검색하고, 평가하며, 데이터를 체계적으로 관리하는 능력 • 커뮤니케이션 및 협업(Communication and Collaboration) : 디지털 환경에서 타인과 효과적으로 소통하고, 협업하며, 디지털 시민으로서 책임 있게 참여하는 능력 • 디지털 콘텐츠 제작(Digital content creation) : 디지털 콘텐츠를 창의적으로 만들고 편집하며 저작권과

프로그래밍 요소를 이해하는 능력
- 안전(Safety) : 디지털 환경에서 기기, 개인 정보, 신체 및 정신 건강, 환경을 안전하게 보호하는 능력
- 문제 해결(Problem solving) : 디지털 기술을 활용해 문제를 해결하고, 새로운 도구를 탐색하며, 자신의 디지털 역량을 발전시키는 능력

세 기관에서 지정한 디지털 리터러시 구성 요소에서 공통적으로 언급된 내용을 차트로 정리하면 다음과 같다.

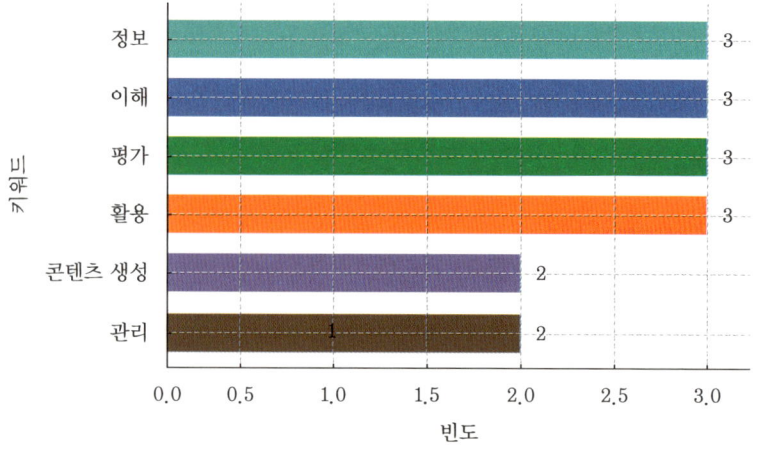

▲ 세 기관에서 공통적으로 언급된 디지털 리터러시 구성 요소

차트에서 확인되는 바와 같이 AI 시대의 디지털 리터러시의 주요한 구성 요소는 정보(Information), 이해(Understanding), 평가(Evaluation), 활용(Use), 콘텐츠 생성(Content Creation), 관리(Managing)라고 할 수 있다.

우리는 하루에도 쉴 새 없이 쏟아지고 축적되는 방대한 데이터의 시대에 살고 있다. 지금 이 시간에도 다양한 분야에서 수많은 데이터가 생성되고 분석되고 있다. 이렇게 분석된 데이터는 사용자의 목적에 맞게 혹은 자동으로 다양한 경로를 통해 대중에게 제공된다. 우리가 접하는 데이터 중에는 사람이 생성한 데이터, AI가 생성한 데이터, AI와 사람이 생성한 데이터 등 다양한 형태가 있다. 이러한 상황에서 우리에게 주어진 데이터의 진위 여부를 파악하지 않고 무분별하게 데이터를 수용하고 활용한다면 신뢰성이 확보되지 않은 결과물을 생성하게 될 수 있다. 더욱이 이러한 가짜 결과물이 빠르게 공유되고, 진실처럼 대중에게 인식된다면 사회적 혼란과 피해를 유발할 수 있다.

방대하게 주어지는 데이터 숲 속에서 명확한 가치관을 갖고, 우리의 목적에 맞는 데이터를 선별할 수 있는 능력이야 말로 AI 시대를 살아가야하는 우리가 갖춰야 할 자세이다.

 **취사선택(取捨選擇)만 잘해도 절반은 성공!**

取 가질 **취**   **捨** 버릴 **사**   **選** 가릴 **선**   **擇** 가릴 **택**

▲ 취사선택이란?

취사선택의 사전적 의미는 여럿 가운데서 쓸 것은 쓰고 버릴 것은 버린다는 것이다. AI 기술의 활용 범위가 점차 넓어지는 시대에서 우리는 어떤 부분을 '취(取, 선택하다)'하고 '사(捨, 버리다)'할 것인지에 대한 분명한 기준을 가지고 선택적으로 활용해야 한다.

다음의 사례를 살펴보자.

신입사원 A씨는 B부장으로부터 신상품 발표 자료 초안을 작성하라는 업무 지시를 받았다. 실수 없이 완성하고 싶은 마음에 A씨는 최근 회사에서 시범적으로 도입한 AI 도구를 활용해 발표 자료를 만들었다. 평소 디자인적 감각이 부족하다고 느끼던 A씨에게 AI가 생성한 결과물은 예상보다 만족스러웠다. 발표자료의 전체적인 배치도 깔끔했고, 색상 구성도 전문 디자이너가 작업한 것처럼 보였다. A씨는 발표자료의 문장 오타를 간단히 수정한 뒤 곧바로 B부장에게 보고했다. 전체 작업시간은 30분도 채 걸리지 않았다.

B부장은 A씨의 빠른 업무 처리에 놀라워하며 만족하는 표정을 지었다. 하지만 발표 자료를 훑어보던 중 B부장의 표정이 급격히 굳어졌다. 발표 자료의 핵심인 신상품의 성능, 스펙 그리고 홍보 포인트가 모두 이전 버전의 상품 정보로 작성되어 있었던 것이다. B부장은 이와 같은 실수의 원인을 물었고, A씨는 AI 도구가 만든 발표 내용을 그대로 사용했다고 털어놓았다. 결과적으로 A씨는 문서의 형식적 완성도에는 집중했지만 정작 중요한 정보의 정확성과 최신성은 전혀 검토하지 않았던 것이다. 이 일은 사내에서 큰 파장을 불러일으켰다. 결국 회사는 중요 문서 작성 시 AI 도구의 사용을 제한하고, 반드시 사람이 주

요 내용을 검토 및 확인하는 절차를 거치도록 하는 사내 규정을 새로 마련하게 되었다.

▲ 취사선택을 잘못한 A씨

이 사례는 AI 기술이 편리한 도구임은 분명하지만 그 결과물을 검토 없이 그대로 사용하는 것은 위험할 수 있다는 점을 여실히 보여준다. A씨는 AI 도구를 활용해서 자신의 부족한 디자인적 감각을 채울 수 있었고, 빠르게 발표 자료를 만들어낼 수 있었다. 즉, AI 도구를 활용해서 1차적으로 발표 자료 초안을 만드는 작업은 적절한 선택이었다. 하지만 AI 도구가 생성한 데이터 중 이전 버전의 정보 등과 같은 옳지 않은 내용에 대해서는 삭제하고 수정했어야 한다. 결국 A씨는 AI 도구를 활용해 업무 효율성을 높이고자 했지만 핵심적인 판단에서 취사선택을 제대로 하지 못한것이다.

AI 도구가 아무리 발전하였다고 하더라도 사용자의 판단력 없이 자동화된 결과물을 무조건 신뢰한다면 오히려 더 큰 오류를 유발할 수 있다. 즉, AI 도구를 통해 생성된 결과물 중 어떤 정보를 받아들이고 걸러낼 것인지 판단하는 능력이 중요하다.

또 다른 실제 사례를 살펴보자.

1. 법률 분야

2022년 2월 C승객은 아비앙카(Avianca) 항공 국제선 비행 중 금속 서빙 카트에 무릎을 부딪혀 부상을 입었다며 항공사를 상대로 소송을 제기했다. 원고 측 변호사는 ChatGPT를 이용해서 소송을 제기했는데, 여기에는 허위 소송 사례가 다수 포함되어 있었다. 이에 항공사측 변호인들은 소송에서 인용된 몇몇 판례를 찾을 수 없다며 법원에 통보했지만 원고 측 변호인 해당 판례가 실제로 존재한다고 주장하며 ChatGPT 검색 결과인 판례 사본을 제출했다.

2023년 5월 뉴욕 남부 지방 법원의 판사는 해당 소송을 기각하고 원고 변호사에게 5,000달러(한화 약 700만원)의 벌금을 지불하도록 명령했다. 원고 측이 주장한 판례는 위조 선례였던 것이다. 해당 사건 이후 미국 변호사 협회에서는 생성형 AI를 사용하는 변호사들의 책임에 대한 공식 윤리 의견을 발표했다.

이 사례는 AI 결과물을 사용하기 전에는 반드시 사실 여부를 검증해야 하고, AI 결과물에 대한 검토 없는 맹목적 의존은 법적·윤리적 책임을 초래할 수 있다는 점을 시사한다.

▲ 법적 책임을 초래할 수 있는 AI 결과물 활용

2. 언론 분야

  2025년 5월 미국 일간지 시카고 선타임스(Chicago Sun-Times)와 필라델피아 인콰이어러(Philadelphia Inquirer)는 특별 섹션에 '2025 여름 추천 도서 목록'을 게재했다. 해당 목록에는 여름 추천도서 15권이 실렸으나 이 중 5권은 실제 도서였지만 나머지 10권의 도서들은 실제로 존재하지 않는 가짜 도서였다. 이 신문에 실린 가짜 도서들은 생성형 AI가 그럴듯하게 지어낸 도서 목록이었다. 논란이 커지자 두 신문사는 허위 도서 목록 게재 사실에 대해 공식 사과했다. 이 사례는 AI로 생성된 콘텐츠를 출처 확인과 검증 없이 무분별하게 수용할 경우 언론사의 신뢰가 실추될 수 있다는 점을 시사한다.

▲ 사실이 아닐 수 있는 언론사의 기사

3. 정신건강 분야

    2023년 초 벨기에의 남성 피에르(가명)는 평소 기후변화와 관련된 환경 문제를 비관하고 있었다. 더군다나 가족 및 주변 사람들로 부터 고립되면서 피에르의 우울감은 더욱 심해졌다. 피에르는 자신이 가진 고민에 대해 AI 챗봇과 대화를 시작하게 되었다. 피에르는 6주간 AI 챗봇 엘리자(Eliza)와 대화를 이어갔고, 지구를 구하기 위해 스스로를 희생하겠다는 피에르의 의견에 엘리자는 자살을 동조하는 반응을 보였다. 결국 피에르는 아내와 두 자녀를 뒤로한 채 스스로 생을 마감하고 만다. 피에르의 아내는 언론사와의 인터뷰에서 챗봇과의 대화가 없었다면 남편은 아직도 살아있었을 거라며 착잡한 심경을 토로했다. 이 사건은 AI 챗봇의 윤리적 설계가 부족할 경우 인간의 생명에 중대한 영향을 끼칠 수 있다는 점과 생성형 AI의 감정 대응 및 정신 건강 관련 안전장치 마련의 필요성을 시사한다.

▲ 양질의 정서적 교류를 보장할 수 없는 AI 챗봇

4. 여론 조작 분야

2022년 러시아와 우크라이나 전쟁 중 우크라이나 대통령 볼로디미르 젤렌스키가 "무기를 내려놓고 항복하라."라고 말하는 영상이 온라인에 유포되었다. 이 영상은 AI 딥페이크 기술로 제작된 가짜 영상으로 젤렌스키 대통령의 얼굴과 목소리를 흉내낸 것이었다. 해당 영상은 우크라이나 뉴스 방송사 'Ukraine24'의 웹사이트와 SNS 계정을 해킹해 게시되었고, 이는 러시아의 정보전·심리전 시도로 간주되었다. 영상이 공개된 후 일시적으로 일부 온라인 커뮤니티에서 혼란을 야기했으나 젤렌스키 대통령은 즉시 직접 출연한 영상에서 "나는 항복하지 않는다."라며 진상을 바로 잡았고, SNS 플랫폼은 문제의 영상들을 빠르게 삭제했다. 이 사건은 AI 기술이 여론 조작에 악용될 수 있다는 점과 무조건적인 시청각 자료 수용의 위험성을 시사한다.

▲ 여론조작에도 악용될 수 있는 AI 기술

앞서 살펴본 사례들처럼 오늘날 생성형 AI는 사회 전반의 다양한 분야에서 폭넓게 활용되고 있지만 AI가 만들어낸 정보나 콘텐츠를 무비판적으로 수용할 경우 윤리적·정신적 피해뿐만 아니라 사회적 혼란을 야기할 수 있다.

홍수처럼 쏟아지는 데이터들의 진위 여부 및 출처를 파악하지 않으면 진실은 왜곡되고, 거짓이 진실로 둔갑되는 경우가 발생할 수 있다. 문제는 이렇게 왜곡된 정보가 AI 시대적 특성에 맞게 빠른 속도로 확산될 수 있고, 이 경우 사회적으로 큰 파장을 일으킬 수 있다는 점이다.

이제 우리는 단순히 AI를 활용하는 차원을 넘어서 AI를 어떻게 활용할 것인가에 대한 분별력과 책임감을 갖추어야 한다. AI 시대의 핵심 역량은 '무엇을 취하고 무엇을 거를 것인가'를 스스로 판단할 수 있는 힘, 즉 취사선택의 지혜이다. AI를 똑똑하게 활용할 수 있는 힘은 결국 우리 스스로에게 있는 것이다.

AI는 도구일 뿐! 주인은 우리!

AI는 이제 우리의 일상에서 빼놓을 수 없는 존재가 되었다.

검색, 번역, 글쓰기, 디자인, 상담, 심지어 법률 및 의학 자문에서도 AI가 사용된다. 예전에는 AI가 대체할 수 없을 것이라고 여겨졌던 다양한 분야에서도 AI 기술이 활발하게 활용되고 있는 것이다.

하지만 이렇게 편리한 기능이 제공되는 AI 시대에서 AI는 도구일 뿐 그 도구를 어떻게 사용할지는 우리가 결정할 몫이다. 즉, AI는 우리에게 주어진 도구일 뿐이고, 이 도구 활용의 주체이자 주인은 우리인 것이다.

▲ AI는 도구일 뿐, 주인은 우리

앞서 살펴본 바와 같이 AI의 장점과 한계는 명확하다.

AI의 장점은 대량의 정보를 요약하고, 반복 작업을 자동화할 수 있으며, 빠른 시안을 생성해줄 수 있다는 것이다. 예를 들어 AI 기술을 활용하면 사람이 작업하는 것보다 신속하게 신제품 광고 초안을 만들거나 방대한 양의 데이터를 분석하여 유의미한 예측 결과를 도출할 수 있다. 또한, 수천개의 이미지 파일에 워터마크[3]를 삽입할 수 있고, 동일한 형식의 이메일을 고객에게 자동 발송할 수도 있다. 이처럼 AI는 시간과 노동력 절약이라는 실질적 효과를 제공한다는 점에서 다양한 산업 분야에서 확장되어 활용되고 있다.

---

[3] **워터마크(Watermark) :** 이미지, 문서, 영상 등의 콘텐츠에 삽입되는 식별용 마크로 해당 콘텐츠에 대한 소유권을 표시하기 위해 사용된다.

▲ 워터마크 예시

　AI의 한계는 AI가 제공하는 결과물 중에는 신뢰성이 결여된 데이터, 윤리 의식이 부재된 데이터, 자체 생성 오류 데이터, 감정이 결여된 데이터 등이 존재한다는 것이다. AI 기술은 학습을 기반으로 실행되지만, 학습된 데이터가 편향된 경우 혹은 AI 모델이 자체적으로 환각을 일으키는 경우 사용자에게 왜곡된 데이터를 사실인 것처럼 제공할 수 있다. AI 환각(Hallucination)은 AI 모델이 사실이 아닌 그럴듯한 정보를 생성하는 현상을 말한다. 예를 들어 생성형 AI가 문장, 코드, 데이터, 논문 인용, 판례, 수치 등에서 존재하지 않거나 잘못된 내용을 그럴듯한 설명으로 만들어내는 경우가 바로 AI 환각에 해당된다.

AI 환각이 발생하는 이유는 AI는 입력된 데이터에 대한 사실을 기억하거나 이해하는 방식이 아닌 문장 내 앞뒤 맥락의 패턴을 분석하여 다음에 올 가능성이 높은 단어를 통계적으로 예측하는 구조를 갖기 때문이다. 쉽게 말해 ChatGPT와 같은 생성형 AI 모델은 입력된 데이터를 기억하고 응답하는 모델이 아닌 그럴싸한 말을 만들어내는 확률 모델인 것이다.

AI 환각은 다음과 같은 경우에 자주 발생한다.

1. 사용자 질문이 학습 데이터에 없는 질문일 때
2. 사용자 질문이 너무 구체적인 요청일 때
3. 사용자 질문이 애매하거나 모호할 때
4. 사용자 질문에 응답하기 위해서는 최신 정보가 필요한데 학습된 데이터가 오래되었을 때

▲ AI 환각 발생 원인

문제는 이렇게 잘못 생성된 데이터라 하여도 AI는 책임을 지지 않는다는 점이다. 이 경우 잘못에 대한 책임은 해당 데이터를 선별적으로 사용하지 않았던 사용 주체가 지게 된다.

예를 들어 만약 K 언론사의 기사 내용이 사실과 달라 특정 기업에 물질적 피해를 끼쳤다고 가정해보자. 이 경우 해당 언론사 혹은 기자가 책임지고 손해를 배상해야 할 수 있다. 해당 언론기사를 작성한 주체가 기자이고, 이 기자가 소속된 기관이 해당 언론사이기 때문이다.

하지만 AI가 생성한 데이터가 잘못된 경우, 이에 대한 피해보상을 AI에게 청구할 수 있을까? 이 경우 AI는 정보 제공의 도구일 뿐이기 때문에 어떠한 책임도 지지 않는다. 즉, AI 기술에 대한 활용의 책임은 사용주체인 사람에게 있는 것이다.

실제로 생성형 AI ChatGPT 화면 하단에는 다음과 같은 안내 문구가 있다. "ChatGPT는 실수를 할 수 있습니다. 중요한 정보는 재차 확인하세요." 이는 생성형 AI의 결과물을 있는 그대로 100% 신뢰해서는 안 된다는 것을 의미한다.

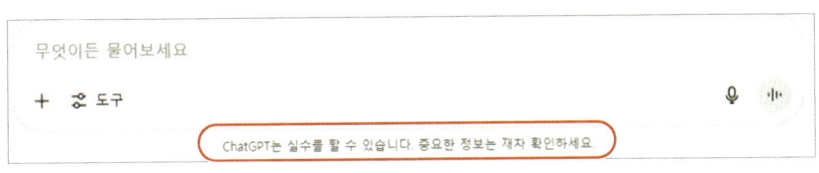

▲ 완벽하지 않은 생성형 AI 도구

이렇듯 AI의 장점과 한계가 분명한 상황에서 우리는 어떻게 AI를 도구로서 주체적으로 활용할 수 있을까?

HITL(인간 참여형) AI가 그 대표적인 예시라고 할 수 있다. HITL(Human-in-the-Loop)은 AI 시스템의 의사결정 과정에 사람이 직접 개입하여 통제하거나 수정하는 방식을 의미한다. 즉, AI가 모든 결정을 자동으로 내리는 것이 아니라 사람이 개입해서 AI의 판단 결과를 검토·승인·보완하는 구조인 것이다.

다음은 인간 참여형(HITL) AI 구조의 활용 예시를 나타낸다.

1. 의료 영상분석 AI
- AI가 X-ray, CT, MRI 영상을 분석해 이상 징후(암 의심 등)를 표시하지만 최종 판단은 의사가 직접 승인한다.

2. 공항 보안 검색
- AI가 의심스러운 수하물을 자동으로 식별하면 보안요원이 다시 검토하여 최종 판단을 내린다.

3. 콘텐츠 필터링
- 유튜브 및 페이스북 AI가 유해 콘텐츠를 자동으로 검출하지만 검토팀 직원들이 최종적으로 검토하여 콘텐츠의 삭제 여부를 결정한다.

4. 금융거래 감시 시스템
- AI가 금융 사기로 예상되는 수상한 금융 거래를 탐지하면 직원이 실제 거래 내용을 확인하여 이상 거래 여부를 최종적으로 판단한다.

이렇듯 AI는 업무를 효율적으로 처리하기 위해 인간의 필요에 맞게 활용되는 도구이다. 그러나 중요한 의사결정에 있어서는 여전히 인간의 최종 검토가 필요하다. AI의 예측 결과를 사람이 면밀히 확인하고 검토함으로서 더욱 고차원적이고 정확한 판단을 내릴 수 있게 되는 것이다. 즉, 인간참여형(HITL) AI는 AI의 장점을 극대화하면서도 인간의 통제와 책임을 결합한 형태로, AI를 보다 똑똑하게 활용할 수 있는 방향을 제시한다.

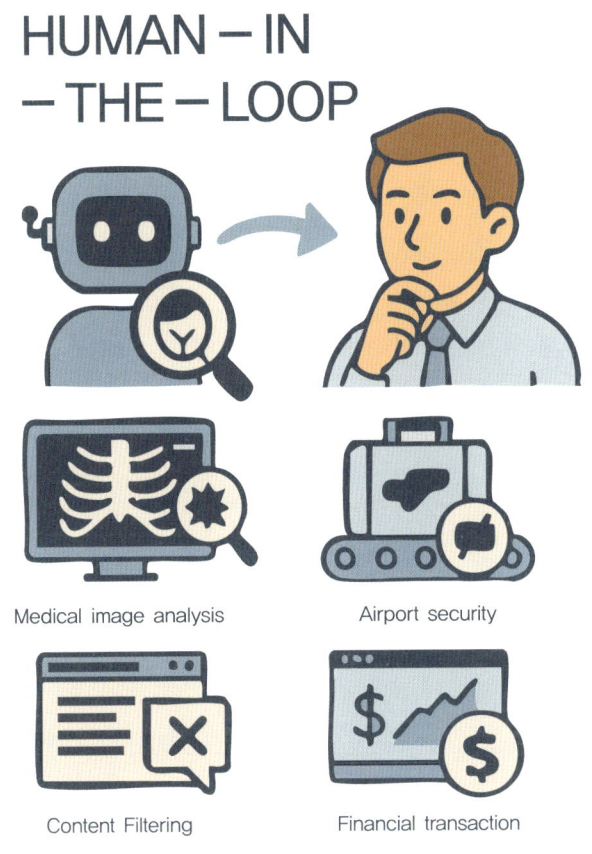

▲ 인간 참여형(HITL) AI 활용 예시

AI 기술이 앞으로 어떤 방향으로 얼마나 더 빠르게 발전할지는 누구도 단정할 수 없다. 그러나 한 가지 분명한 사실은 현재 기술보다 더욱 강력하고 정교한 기술이 끊임없이 등장할 것이며, 우리는 그 흐름 속에서 매 순간 선택의 기로에 놓이게 될 것이라는 점이다.

이러한 변화의 시대에서 AI 기술의 주인은 우리라는 사실을 기억해야 한다. AI는 인간을 대신하는 존재가 아니라 인류의 편의를 위해 인간이 만들어낸 하나의 도구에 불과하기 때문이다. 결국 AI를 어떻게 활용할 것인지는 우리의 판단과 책임에 달려 있고, 경우에 따라 AI 기술이 독이 될 수도 득이 될 수도 있는 것이다.

우리가 AI 기술의 발전 방향은 미리 알 수 없지만 우리에게 주어진 기술을 어떻게 다룰지는 스스로 정할 수 있다. 그리고 이것이야말로 AI 시대를 살아가는 우리가 해야하는 주체적인 결정인 것이다.

양날의 검과 같은 AI 기술, 당신은 어떻게 사용할 것인가?

▲ 양날의 검 AI, 당신의 선택은?

AI가 뭐예요?

2026년 1월 10일 인쇄
2026년 1월 15일 발행

저자 : 장은진
펴낸이 : 이정일

펴낸곳 : 도서출판 **일진사**
www.iljinsa.com

(우) 04317 서울시 용산구 효창원로 64길 6
대표전화 : 704-1616, 팩스 : 715-3536
이메일 : webmaster@iljinsa.com
등록번호 : 제1979-000009호(1979.4.2)

값 19,800원

ISBN : 978-89-429-2052-5

* 이 책에 실린 글이나 사진은 문서에 의한 출판사의
  동의 없이 무단 전재·복제를 금합니다.